Zur Weihnachtszeit

Zur Weihnachtszeit

Sticken ist ein schönes Hobby. Es entspannt und gibt kreative Impulse.
Gute Anleitungsbücher gehören dazu.

Seit mehr als 30 Jahren steht Christophorus für praxisbezogene Literatur zur Freizeitgestaltung. Genauso wie dieser Band ist jeder Titel aus dem Christophorus-Verlag mit viel Sorgfalt erarbeitet.
Das erklärt, warum unsere Bücher jährlich so vielen zufriedenen Lesern Freude bringen.

SIEGRUN BOSS-KULBE

ZUR WEIHNACHTSZEIT

Die schönsten Kreuzstichmotive

CHRISTOPHORUS
EDITION ZWEIGART

Inhalt

Vorwort

Sticken bereitet vielen Menschen gerade heute, in dieser oft so schnellebigen Zeit, sehr viel Freude. Allen voran zählt die Kreuzstich-Stickerei zu den beliebtesten Handarbeiten.

Dieser weitere Band der Edition Zweigart stellt rund um Advent und Weihnachten neue Muster vor, die in Verbindung mit dem jeweiligen Gestaltungsbeispiel das Sticken sowie die Ausarbeitung so leicht wie nur möglich machen.

Mit dem Anfertigen schöner Stickereien kann man nicht nur auf angenehme Art die Vorweihnachtszeit verbringen; dieses Vergnügen bietet obendrein die Gelegenheit, ein persönliches Weihnachtsgeschenk selbst herzustellen.
Das Sticken von kleinen Motiven, wie beispielsweise bei Weihnachtskarten und Christbaumschmuck, bietet Anfängern eine nahezu perfekte Einführung in die Stickerei. Geübtere Stickerinnen geben mit weihnachtlich verzierten Deckchen oder Sets dem Weihnachtsessen einen festlichen Rahmen.

Alle abgebildeten Handarbeitsstoffe sind in ihrer Beschaffenheit detailliert beschrieben. Das erleichtert die Auswahl, wenn Sie Motive und Anwendungsbeispiele ganz nach Ihrem persönlichen Verwendungszweck kombinieren möchten. Stickanleitung und Hinweise zur Pflege garantieren, daß Ihre Stickerei sicher gelingt und Sie daran lange Freude haben.

Stickanleitung

Sticken Sie immer zuerst die Kreuzstichmotive. Danach werden die Formen, wie angegeben, mit Rückstich umrandet. Sie werden dadurch plastisch hervorgehoben und farblich vom Grundstoff abgesetzt. Deshalb kommen auch Stickgarnfarben, die nur etwas heller oder dunkler als der Grundstoff sind, deutlich zur Geltung, und Sie können die Stickmotive problemlos auch auf andere Stoffarben umsetzen.

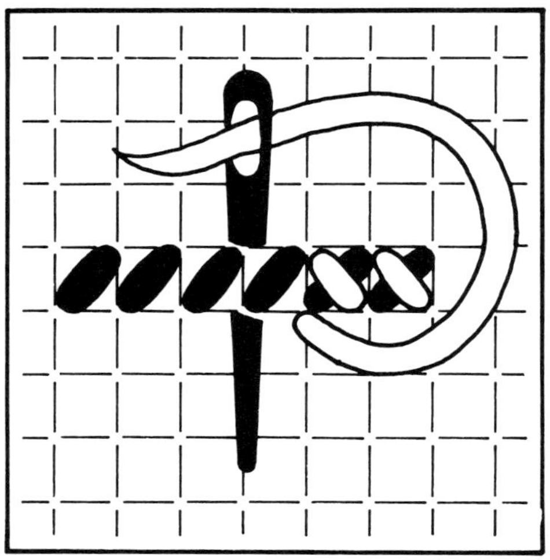

Kreuzstich

Der Kreuzstich gehört zu den flächenfüllenden Stichen. Zuerst die Grundstiche sticken und darüber die Deckstiche. Sie müssen alle in gleicher Richtung liegen. Ein Kästchen der Zählvorlage ist immer ein Kreuzstich.

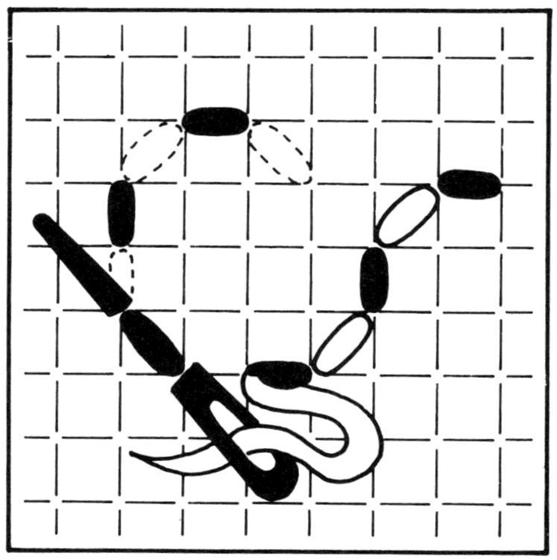

Holbeinstich

Der Holbeinstich ist ein Konturstich. Zuerst jeden zweiten Stich sticken und bei der Rückreihe die Lücken füllen. Er eignet sich besonders für Bänder, da er auf der Rückseite gleich aussieht.

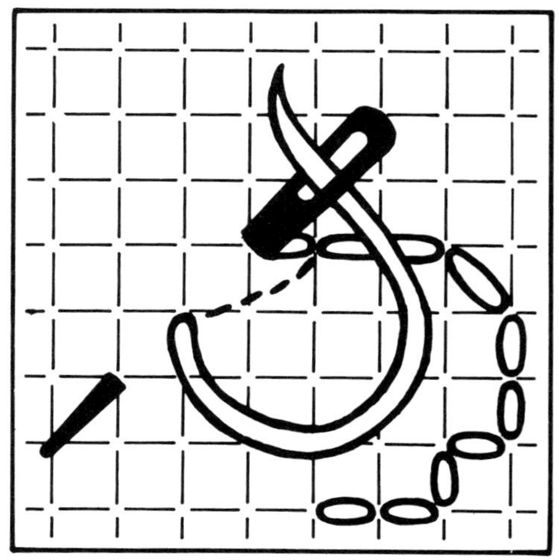

Rückstich

Der Rückstich wird ebenfalls zum Nachsticken von Linien und Konturen eingesetzt. Er wird von rechts nach links gearbeitet und geht auf der Rückseite über zwei Stiche.

Doppelter Saum mit Briefecke

Zuerst für die Hohlsaumlinie an allen vier Seiten jeweils nur von Ecke zu Ecke einen Faden herausziehen. Achtung: Im Saumbereich den Faden nicht herausziehen! Den überstehenden Stoff nach 3 x Saumbreite abschneiden.

Skizze a: Saumbreite 1, Umschlag 2, Einschlag 3 markieren. Skizze b: Einschlag und Ecke falten, schraffierte Ecke abschneiden. Skizze c: Saumumschlag legen und heften. Die schräge Briefecke mit kleinen Saumstichen schließen und den Saum im Hohlsaumstich arbeiten.

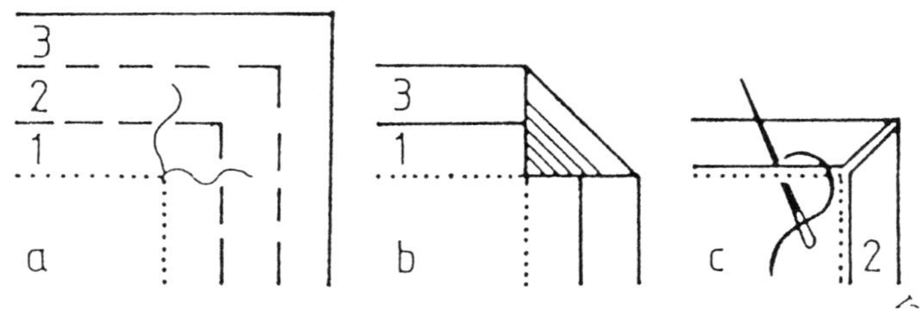

Hohlsaum

Den Hohlsaumstich von der linken Gewebeseite arbeiten. Mit der Nadel abwechselnd je zwei Fäden entlang der ausgezogenen Linie fassen und dann zwei Gewebefäden senkrecht in den umgeschlagenen Saum stechen.

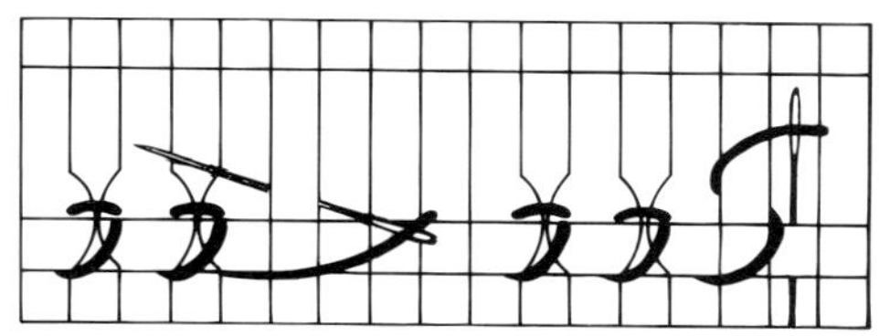

Tütenecken

Die Schnittkante zuerst versäubern, dann das Band rechts auf rechts der Länge nach zur Hälfte falten. Laut Skizze eine gerade Naht steppen und dabei die Nahtenden sichern. Die Nahtzugabe beträgt ca. 8 mm.

Die Nahtzugabe auseinanderstreichen und an der Spitze eine kleine Tüte legen, nicht abschneiden. Nun die Ecke wenden, dabei die Nahtzugabe mit den Fingerspitzen festhalten. Die Spitze mit der Sticknadel vorsichtig herausziehen.

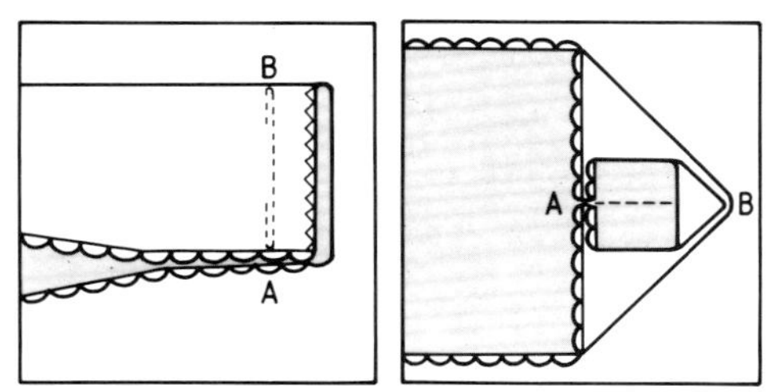

Stoffkauf

Denken Sie beim Stoffkauf daran, daß Sie immer Saumzugaben berücksichtigen, und geben Sie je nach Größe des Modells 5 bis 15 cm Stoff zur Sicherheit dazu.

Nadeln

Für gezählte Stickereien verwenden Sie immer eine stumpfe Sticknadel, also eine Nadel ohne Spitze.

Stickgarn

Alle Modelle sind mit Sticktwist oder Goldgarn gearbeitet. Wie der 6-fädige Sticktwist und das Goldgarn je nach Stichgröße aufgeteilt wurden, ist bei den Stickanleitungen vermerkt.

Sticken nach der Zählvorlage

Jedes Symbol steht für einen Kreuzstich. Bei größeren Motiven beginnen Sie mit dem Sticken am besten in der Mitte. Markieren Sie die Mitte mit einem Faden, und achten Sie darauf, daß der Abstand zwischen den Rändern und der Stickerei gleichmäßig ist.

Pflegehinweise

Je nach Verwendungszweck kann es notwendig sein, daß Sie Ihre Stickerei waschen müssen.

Gesticktes sollte sorgfältig behandelt werden, darum einige Tips zur Pflege:

Wenn Sie die Stickerei nicht von Hand waschen möchten, was zweifellos das schonendste ist, sollten Sie diese kostbare Handarbeit in ein Säckchen oder einen Kissenbezug stecken, um sie vor unnötiger Beanspruchung zu schützen. Aus diesem Grund dürfen Stickereien grundsätzlich nicht geschleudert werden und gehören keinesfalls in den Trockner, da durch das Ziehen und Herumwirbeln die Gewebestruktur gelockert wird.

Stickereien nur auf der Rückseite mit einem darübergelegten, feuchten Tuch bügeln. Ihre gestickten Werke werden so auf Dauer ihre Haltbarkeit und reizvolle Optik behalten.

Wasch- und Bügeltemperaturen richten sich immer nach dem schwächsten Glied. Wenn Sie z. B. Gold- und Silbergarne versticken, dürfen Sie mit maximal 30°C waschen und bei geringer Temperatur bügeln, auch wenn beim Gewebe 95°C und für das Bügeln „drei Punkte“ angegeben sind. Achten Sie also grundsätzlich auch auf die Pflegevorschriften der Stickgarnhersteller.

Um die Farben unverändert zu erhalten, immer Waschmittel ohne Aufheller verwenden.

Das Rahmen von Bildern

Der Fachhandel bietet eine große Auswahl unterschiedlichster Rahmenleisten in verschiedenen Breiten, Materialien und Farben mit passenden Passepartout-Kartons an. Am einfachsten ist es, Ihre fertige Stickerei dort rahmen zu lassen.

Weniger kostspielig ist es allerdings, einen bereits konfektionierten, zu Ihrer Wohnung und Ihrer Stickerei passenden Rahmen im Hobbymarkt oder Kaufhaus auszusuchen und selber zu rahmen. Sie benötigen dafür außer dem Rahmen Vliesstoff und festen Karton in der Größe der Rahmenrückwand und Doppelklebeband.

Vor dem Rahmen die Stickerei auf der Rückseite dämpfen. So treten die Motive plastischer hervor, und kleine Unregelmäßigkeiten können noch ausgeglichen werden. Das Gewebe in den Maßen der Rahmenrückwand plus 3 cm Stoffzugabe an jeder Seite zuschneiden. Zuerst den Vliesstoff, dann den Karton auf die Rückseite der Stickerei legen (Skizze 1). Die überstehenden Stoffecken bis zum Karton einschneiden (Skizze 2). Den überstehenden Stoff über den Karton klappen und mit Doppelklebeband befestigen (Skizze 3). Darauf achten, daß das Gewebe fadengerade befestigt wird.

Den Passepartout-Karton können Sie selbst aus farbigem Karton schneiden.

Das Stickereiformat auf den Karton übertragen. Um dieses Rechteck oben, rechts und links eine zweite Linie in gleichem Abstand zeichnen. Am unteren Bildrand aus optischen Gründen das Passepartout etwas breiter lassen. Dieses zweite Rechteck mit einem scharfen Messer ausschneiden. Das Außenmaß des Passepartouts entspricht dem Rückwandmaß.

Das Passepartout und die montierte Stickerei in den Rahmen legen. Mit der Rückwandplatte alles abdecken. Die Montageklammern so befestigen, daß die Aufhängung oben ist.

Stickereien werden meist ohne Glasscheibe gerahmt. So wirken die Stiche plastischer, und die Farben kommen besser zur Geltung. Stickbilder, die in der Küche hängen, sind allerdings hinter Glas besser geschützt.

Skizze 1

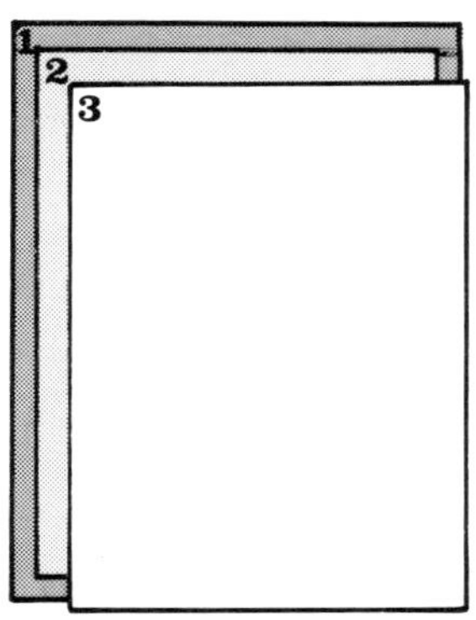

1 = zugeschnittener Stoff
2 = Vlies
3 = Pappe

Skizze 2

1 = Stoff ohne Ecken
3 = Pappe

Skizze 3

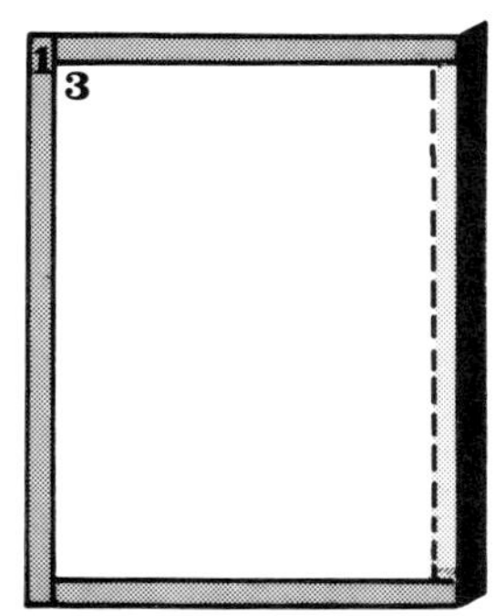

1 = umgeklappter Stoff
3 = Pappe
▯ = Doppelklebeband

Zweigart Gewebearten

Kreuzstich-Zählstoffe

Das wesentlichste Merkmal eines Handarbeitszählstoffes ist seine quadratische Gewebestruktur. Das heißt, Längs- und Querfadensystem haben die gleiche Anzahl Fäden auf zehn Zentimeter. Das ist wichtig, damit Kreuzstichbordüren in beiden Richtungen gleich breit und Mustersätze gleich lang werden. Auch Einzelmotive entsprechen somit wirklich der Zählvorlage und erscheinen nicht verzerrt.
Aus dem breiten Angebot der ZWEIGART-Handarbeitszählstoffe sind nachstehend die Gewebe beschrieben, die in diesem Buch verwendet sind. Wenn Sie ein feineres oder groberes Gewebe wählen, ändern sich die Maße und damit auch der Stoffbedarf.

Davosa 3770

ca. 71 Gewebefäden = 10 cm
Gewebebreiten: 140 und 180 cm
Material: 100% Baumwolle
Ausrüstung: pflegeleicht
Waschen: helle Farben 95°C
dunkle Farben: 60°C
Bügeln: •••

DAVOSA ist ein glatter Handarbeitsstoff aus reiner Baumwolle. Seine Gewebefäden bestehen aus feinen, mehrfach zusammengezwirnten Einzelfäden. Dadurch wird der Gewebefaden rund und gleichmäßig. Es entsteht eine klare, leicht zählbare Gewebestruktur, die für Kreuzstich besonders gut geeignet ist. Obwohl das Gewebe zu den gröberen Handarbeitsstoffen gehört, ist es durch diese dünnen Einzelfäden nicht zwangsläufig rustikal. Wenn Sie noch nie Kreuzstich gezählt haben oder Ihnen die feinen Auszählarbeiten zu anstrengend sind, ist dies das richtige Grundgewebe. Zudem können Sie aus einer großen Farbpalette auswählen.

Bellana 3256

ca. 80 Gewebefäden = 10 cm
Gewebebreiten: 140 und 180 cm
Material: 52% Baumwolle
48% Viskose
Ausrüstung: pflegeleicht
Waschen: 60°C
Bügeln: •••

BELLANA ist ein glatter, perliger, besonders gut zählbarer Handarbeitsstoff. Mehrfachzwirn und Viskosebeimischungen bringen gleichmäßigen, edelglänzenden Ausdruck und eine übersichtliche Gewebestruktur. Es ist ein Gewebe von mittlerer Feinheit. Der Kreuzstich über zwei Gewebefäden ergibt eine zarte, elegante Stickerei, ohne allzu arbeitsintensiv zu sein.
BELLANA gibt es auch mit Gold- und Silbereffekt für festliche und weihnachtliche Stickereien; hier gilt dann allerdings maximal 30°C-Wäsche.

Lugana 3835

ca. 100 Gewebefäden = 10 cm
Gewebebreiten: 140 und 170 cm
Material: 52% Baumwolle
48% Viskose
Ausrüstung: pflegeleicht
Waschen: 60°C
Bügeln: •••

LUGANA ist wie BELLANA ein ebenmäßiger, eleganter Handarbeitsstoff in Leinwandbindung. Seine regelmäßige Struktur bekommt er durch den glatten Dreifachzwirn. Er entspricht in der Materialzusammensetzung BELLANA, ist jedoch feinfädiger, und bei gleicher Zählvorlage ergeben sich kleinere Kreuzstiche.
Die Stickbeispiele im Buch sind kleine Gegenstände wie Topflappen, Christbaumschmuck oder Weihnachtskarten. Einzelmotive von gröberen Geweben können Sie deshalb leicht für weitere Grußkarten auf dieses Gewebe umstellen.

Dublin 3604

ca. 100 Gewebefäden = 10 cm
Gewebebreiten: 140 und 170 cm
Material: 100% Reinleinen
Waschen: 95°C
Bügeln: •••

DUBLIN ist das klassische Siebleinen. Das offene Gewebe aus glattem, edlem Flachsgarn in feiner Ausspinnung wirkt zart und durchscheinend.
Wegen der Transparenz des Gewebes müssen Sie besonders auf die Rückseite der Stickerei achten. Den Stickfaden nie von Farbfläche zu Farbfläche spannen, sondern immer in der Stickerei entlangführen oder in ähnlichen Farben vernähen, da das Stickgarn sonst auf der rechten Seite sichtbar ist.

ANNABELLE 3240

ca. 112 Gewebefäden = 10 cm
Gewebebreiten: 140 und 180 cm
Material: 100% Baumwolle
Ausrüstung: pflegeleicht
Waschen: 60°C
Bügeln: •••

ANNABELLE ist ein feines, dichtes Strukturgewebe aus reiner Baumwolle. Es wird durch schwache Flammen in großen Abständen belebt und bleibt dabei gleichmäßig und gut auszählbar. Seine Oberfläche hat Leinencharakter, gleichzeitig aber die Pflegeeigenschaften von reiner Baumwolle und ist daher leichter zu bügeln. Für Liebhaber sehr feiner Kreuzsticharbeiten ist es ein ideales Grundgewebe.

ARIOSA 3711

ca. 75 Gewebefäden = 10 cm
Gewebebreiten: 140 und 180 cm
Material: 60% Viskose
40% Baumwolle
Ausrüstung: pflegeleicht
Waschen: 60°C
Bügeln: •••

Das besondere Merkmal von ARIOSA ist seine ausdrucksvolle Flammenstruktur. Sie entsteht, indem matte Baumwollflamme mit glänzender Viskose zusammengesetzt wird. Das Gewebe bleibt aber trotz des Flammenzwirns gut auszählbar. ARIOSA eignet sich besonders dann, wenn Sie nicht so üppig bestickte Modelle arbeiten und die Gewebestruktur mitwirken lassen.

TILLA 3995

ca. 40 Stiche = 10 cm
Gewebebreite: 180 cm
Material: 55% Viskose
40% Baumwolle
5% sonstige Fasern
Waschen: 30°C
Bügeln: •

TILLA ist ein Strukturzählstoff aus Flammeneffektgarn. Jeweils drei Gewebefäden sind durch die spezielle Bindung zu klaren Stichquadraten zusammengefaßt. Ein- und Ausstichstellen sind durch kleine Löcher deutlich gekennzeichnet, wodurch das Gewebe trotz seiner ausdrucksvollen Struktur leicht zählbar ist. Durch den gleichmäßig eingebundenen Lurex-Effekt bekommt TILLA seinen festlichen Charakter.

Reinleinen-Stickbänder

ca. 95 Fäden = 10 cm
Material: 100% Leinen
Waschen: 95°C
Bügeln: •••

REINLEINEN-STICKBÄNDER sind Handarbeitszählstoffe mit festen Rändern. Es gibt sie in verschiedenen Breiten, in Weiß oder Natur-Leinen und mit farbigen Bogenkanten.
Wenn Sie die Bänder auf andere Gewebe aufnähen, müssen Sie den unterschiedlichen Einsprung bei der Wäsche berücksichtigen. Also am besten beide Teile vorher waschen.

7272: Breite ca. 8,5 cm
Stickbreite ca. 5,5 cm = 50 Fäden = 25 Stiche
7273: Breite ca. 12,5 cm
Stickbreite ca. 9 cm = 82 Fäden = 41 Stiche

Bordüren-Handtücher

Bordürenbreite: ca. 5,5 cm = 23 Stiche
ca. 40 Stiche = 10 cm Länge
Material: 100% Baumwolle
Ausrüstung: pflegeleicht
Waschen: 60°C
Bügeln: •••

Diese WAFFELPIKEE-Handtücher sind fertig gesäumt und haben Bordüren in AIDA-Bindung. Sie können dadurch direkt bestickt werden. In zwei Streifen sind die Gewebefäden zu klaren Stichquadraten gebündelt, über die jeweils ein Kreuzstich gestickt wird. Farbig gemusterte Kanten fassen die Stickerei ein und verbreitern sie. Der Grund ist in saugfähiger, klassischer Waffelbindung gewebt.

5343 WAFFELPIKEE-Handtuch, ca. 50 x 80 cm

Ranken, Borten und Teddys

Ilexzweige mit roten Beeren – ein traditionelles, englisches Motiv – sind ein Blickfang in der weihnachtlichen Backstube.

Handtücher

Ilex-Ranke

WAFFELPIKEE-Handtuch 5343/61 weiß-grün

AIDA-Borte: 23 Stiche
Größe: ca. 50 x 80 cm

Sticktwist, 3-fädig

Die Bortenmitte markieren und die Stickerei von der Mitte her einteilen. In der Zählvorlage ist diese gekennzeichnet.
Für das abgebildete Handtuch sticken Sie:
1 x Anfangsmotiv, 5 x Rapport, 1 x Endmotiv = 125 Stiche = ca. 30 cm (siehe Zählvorlage).
Sie können das Motiv natürlich genauso auf ein AIDA-Band sticken und dieses auf ein beliebiges Handtuch aufnähen.

Borte mit roten Beeren

WAFFELPIKEE-Handtuch 5343/61 weiß-grün

AIDA-Borte: 23 Stiche
Größe: ca. 50 x 80 cm

Sticktwist, 3-fädig

Die Bortenmitte markieren und die Stickerei von der Mitte her einteilen. In der Zählvorlage ist diese gekennzeichnet.
Für das abgebildete Handtuch sticken Sie:
7 x Rapport = 126 Stiche = ca. 30 cm.
Ebenso kann hier das Motiv auch auf ein AIDA-Band gestickt und auf ein anderes Handtuch oder ein Set aufgenäht werden.

Zählvorlagen auf Seite 16

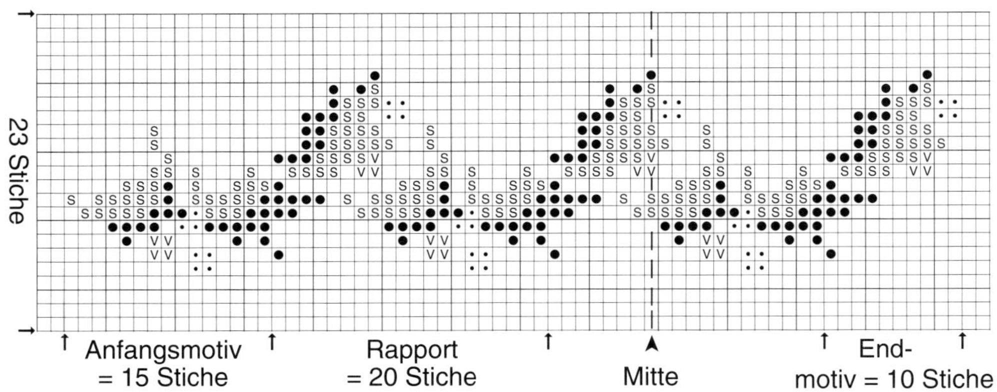

Ilex

S resedagrün
● tannengrün, dunkel
V weihnachtsrot
• dunkelrosa

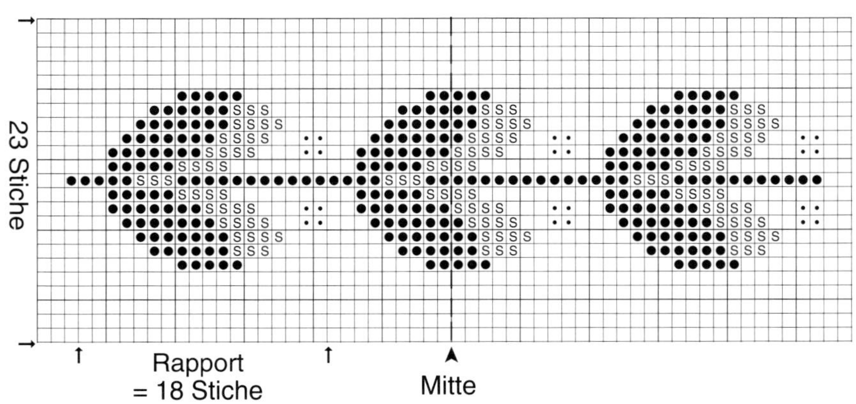

Rote Beeren

S tannengrün, hell
● tannengrün, dunkel
• geranienrot

Schnittschema in Originalgröße zu Seite 18

Annähen der Schlaufe

Teddys, hier als kleine, verspielte Nikoläuse. Wer freut sich da nicht, wenn solch ein hübscher Küchenschmuck aus dem Nikolausstiefel schaut? Beginnen Sie rasch – damit er noch rechtzeitig fertig wird.

Den bestickten Stoff, den Rückwandstoff und das Vlies ca. 20 x 20 cm groß zuschneiden. Den Vliesstoff zwischen beide Stoffteile legen und alle drei Lagen zusammenheften. Gemäß Schnitt auf Seite 17 zuschneiden.
Für den Aufhänger ca. 10 cm Paspel zusammensteppen. Die Herzform mit der Paspel umnähen und den Aufhänger laut Zeichnung mit einsteppen.

● leuchtendrot
V tannengrün, dunkel
\+ resedagrün, dunkel
▼ creme
• schneeweiß
X schwarz
O zimtbraun, hell
Konturen: schwarz

Herztopflappen

Abb. Seite 15
LUGANA 3835/685 tannengrün
LUGANA 3835/954 rot

Motivgröße:
53 x 50 Stiche = ca. 10 x 10 cm
Stoffgröße: ca. 20 x 20 cm
Rückwandstoff: ca. 20 x 20 cm
Stoffzuschnitt: gemäß Schnittzeichnung auf Seite 17, Vlies zum Füttern genauso zuschneiden
Paspel: ca. 75 cm, weiß

Sticktwist, 2-fädig

1 KÄSTCHEN = 2 GEWEBEFÄDEN

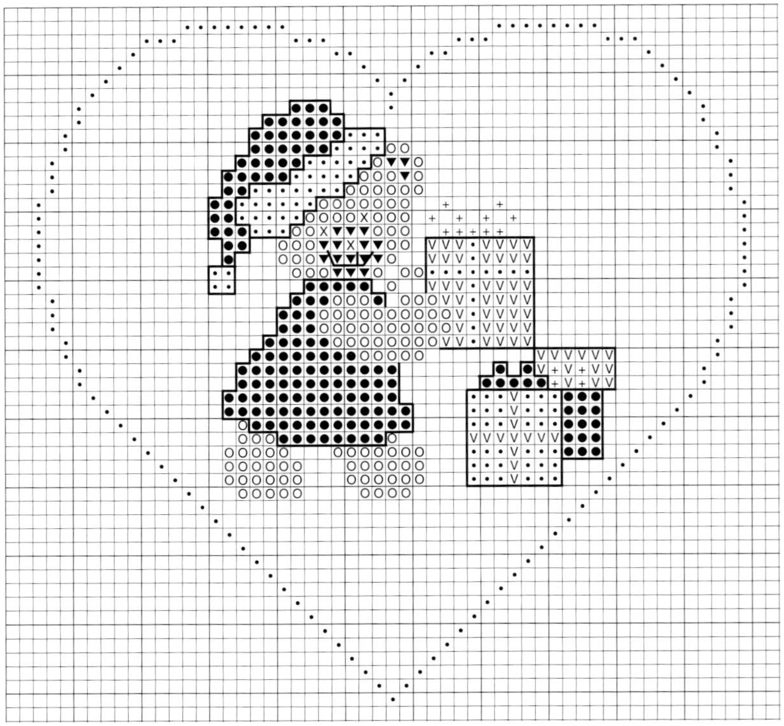

Originalgröße
Tannenbaum und Ilex

Originalgröße Apfel

Schnittmuster zu Seite 20

Tannenbaumschmuck

Wie wäre es, wenn in diesem Jahr Ihr Tannenbaum einmal anders geschmückt wäre, vielleicht mit roten Herzen und Schleifen? Auch als Päckchenanhänger eignen sich die weihnachtsroten Herzen gut.

Tannenbaumherz
Apfelherz
Ilexherz

LUGANA 3835/954 rot

Stoffgröße: ca. 12 x 25 cm
ca. 10 x 20 cm (Apfelmotiv)
Stoffzuschnitt: gemäß Schnitt auf Seite 19
Füllung: Füllwatte

Sticktwist, 2-fädig

1 KÄSTCHEN = 2 GEWEBEFÄDEN

Motive laut Schemazeichnung von Seite 19 bzw. Abbildung auf dem Stoff plazieren. Jede Herzform gemäß Schnittmuster zweimal zuschneiden (bestickte Seite und Rückseite). Nach dem Zusammensteppen und Verstürzen mit Füllwatte ausstopfen.

Tip:
Sie können die Herzen auch mit Paspelband zusammennähen. Dann sind sie allerdings weniger plastisch.

Apfel

O schwarz
▼ dunkelbraun
• tannengrün, hellst
X tannengrün, mittel
•• goldgelb
\+ orange
● leuchtendrot
Konturen: dunkelbraun

Ilex

• leuchtendrot
X tannengrün, hellst
● tannengrün, mittel
Konturen: dunkelbraun

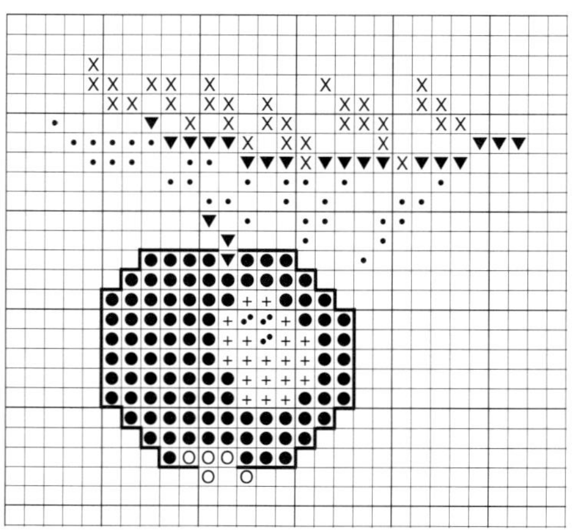

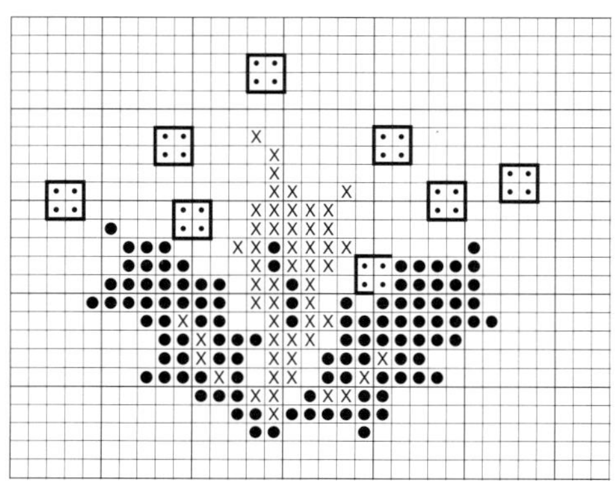

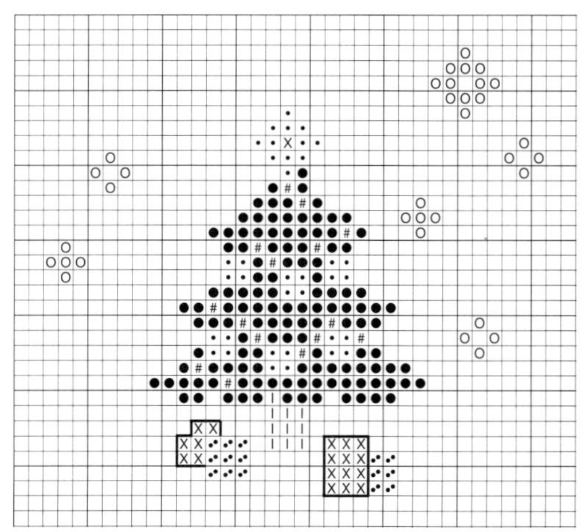

Tannenbaum

- # geranienrot
- • ginstergelb
- •• kobaltblau, hell
- O kanariengelb
- I zimtbraun
- X leuchtendrot
- ● tannengrün, dunkel

Konturen: schwarz

Mistelkranz

Ob als Bild oder Untersetzer, mit diesem Mistelkranz bringen Sie dem Beschenkten Glück! Den Rahmen können Sie rund oder quadratisch wählen, je nachdem ob er zu Großmutters Küchenbüffet oder in eine „junge" Wohnung passen soll.

○ rindenbraun
✳ olivgrün
● tannengrün, hellst
❖ tannengrün, mittel
• ecru
Konturen: torfgrau

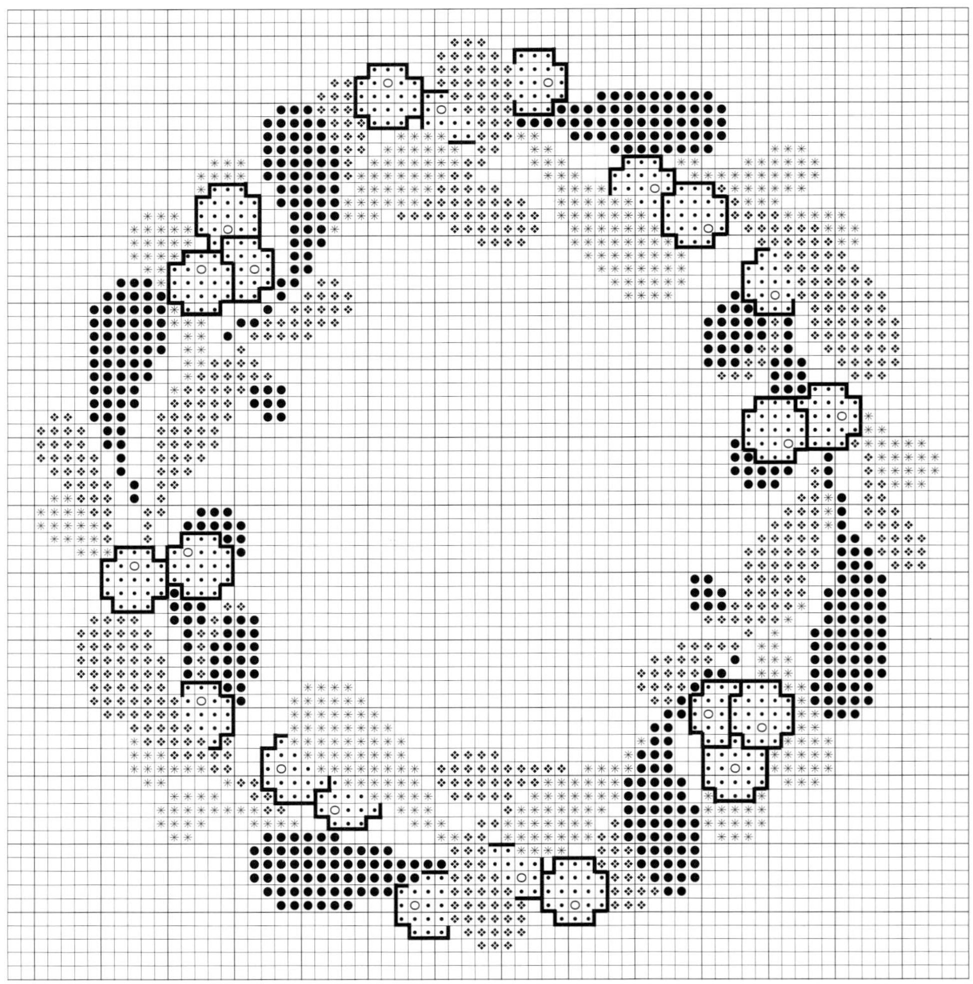

Kranz

DAVOSA 3770/685 tannengrün

Motivgröße:
68 x 68 Stiche = ca. 19 x 19 cm
Stoffgröße: je nach Rahmengröße, mindestens 25 x 25 cm

Sticktwist, 4-fädig

1 KÄSTCHEN = 2 GEWEBEFÄDEN

Die Anleitung für das Rahmen von Bildern finden Sie auf Seite 9.

Weihnachtliche Bilder

STICKMUSTERTUCH
ANNABELLE 3240/217 creme

Motivgröße:
91 x 116 Stiche = ca. 16 x 20,5 cm
Stoffzuschnitt: je nach Rahmengröße

STICKTWIST, 2-fädig

1 KÄSTCHEN = 2 GEWEBEFÄDEN

Die Anleitung für das Rahmen von Bildern finden Sie auf Seite 9.

Zählvorlage auf Seite 26 und 27

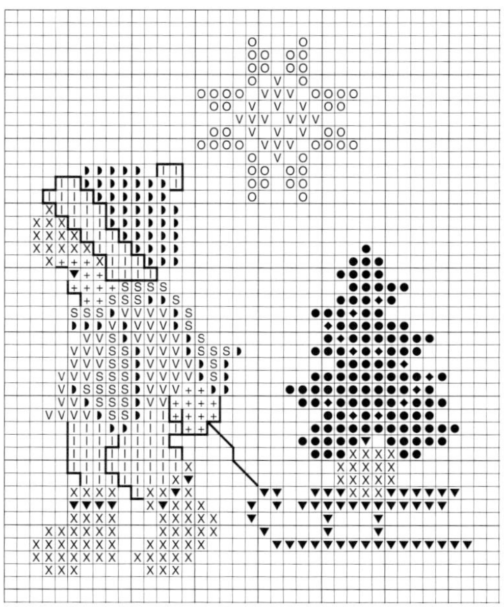

Zwei Bildchen zur Weihnachtszeit, kleine Geschenke oder Weihnachtskartenmotive.

Junge mit Schlitten

- + ocker, hellst
- V messing, dunkel
- X zimtbraun
- ▼ dunkelbraun
- ◆ geranienrot
- ● tannengrün, hellst
- ◗ schilfgrün, dunkel
- I patinagrün
- S antiktürkis
- O goldgelb

Konturen: dunkelbraun

Weihnachtsschlitten

- ▼ schwarz
- V messing, dunkel
- O ocker, hellst
- S weihnachtsrot
- • tannengrün, hellst
- + tannengrün, mittel
- A geranienrot
- I dunkelrosa
- •• rindenbraun, hell
- X taubenblau
- ● antiktürkis

Konturen: schwarz

JUNGE MIT SCHLITTEN
DUBLIN 3604/101 perlweiß

Motivgröße:
35 x 42 Stiche = ca. 7 x 8 cm
Stoffzuschnitt: je nach Rahmengröße

WEIHNACHTSSCHLITTEN
DUBLIN 3604/101 perlweiß

Motivgröße:
41 x 31 Stiche = ca. 8 x 6 cm
Stoffzuschnitt: je nach Rahmengröße

STICKTWIST, 2-fädig

1 KÄSTCHEN = 2 GEWEBEFÄDEN

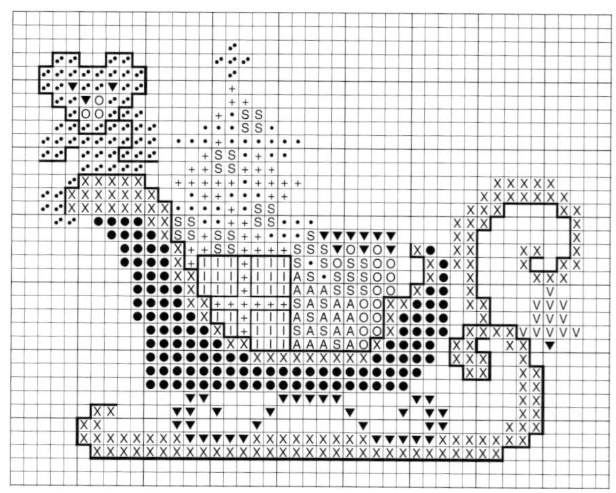

Zählvorlage zu Seite 24 und 25

Stickmustertuch

O goldgelb
X zimtbraun
I patinagrün, hell
· schneeweiß
▼ schwarz
dunkelbraun
V messing, dunkel
A weihnachtsrot
✧ tannengrün, hellst
● tannengrün, mittel
◗ schilfgrün, dunkel
•• ocker, hellst
+ beige, hell
S antikrot, dunkel
◆ geranienrot

Konturen oberer Bär: dunkelbraun
Mütze und Mantel: schwarz
Päckchen: schwarz
Konturen Junge: schwarz
Konturen unterer Bär: dunkelbraun
Mütze und Jacke: schwarz
Konturen Mistelblüten: schwarz
Blätter: tannengrün, mittel

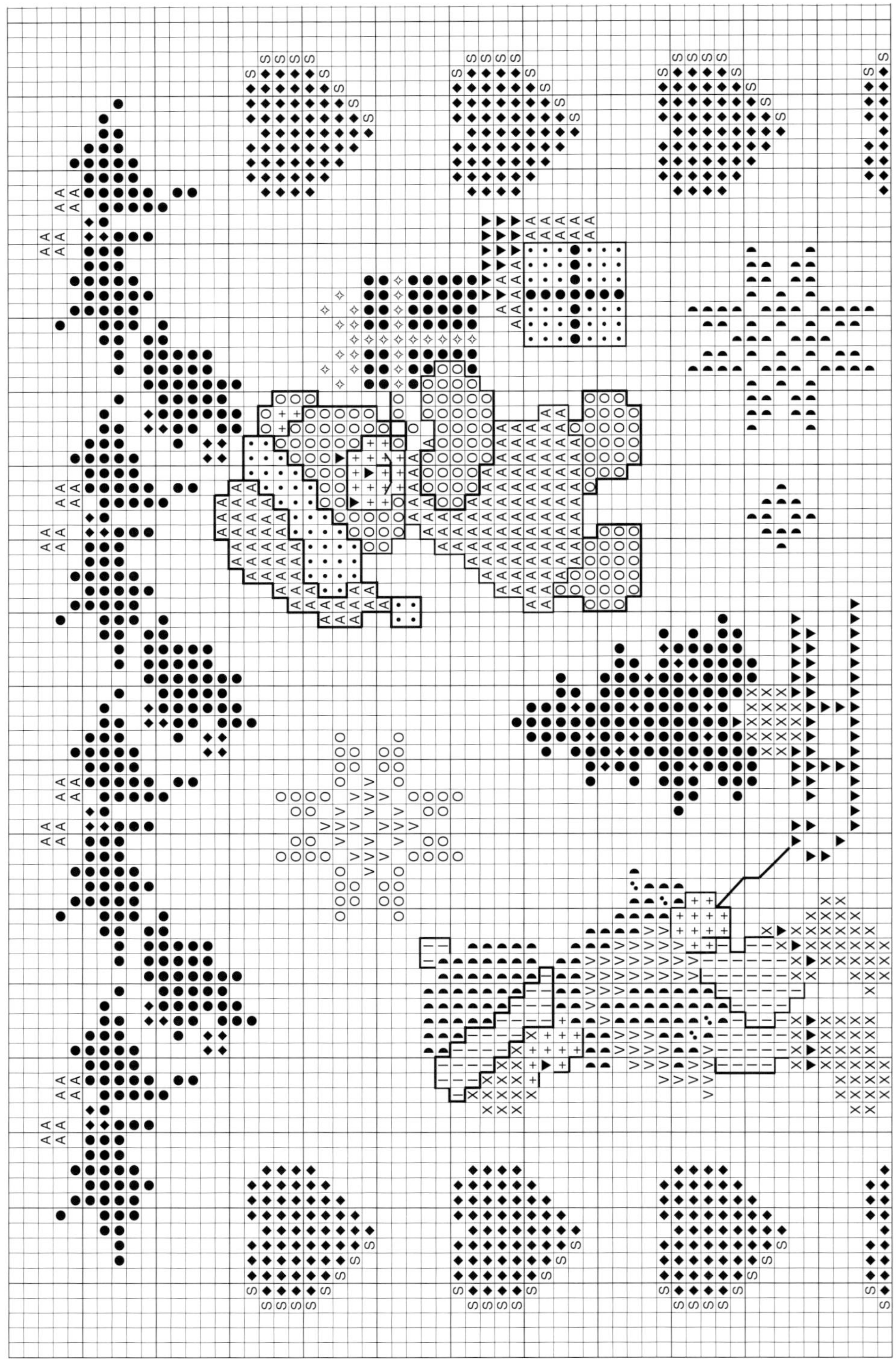

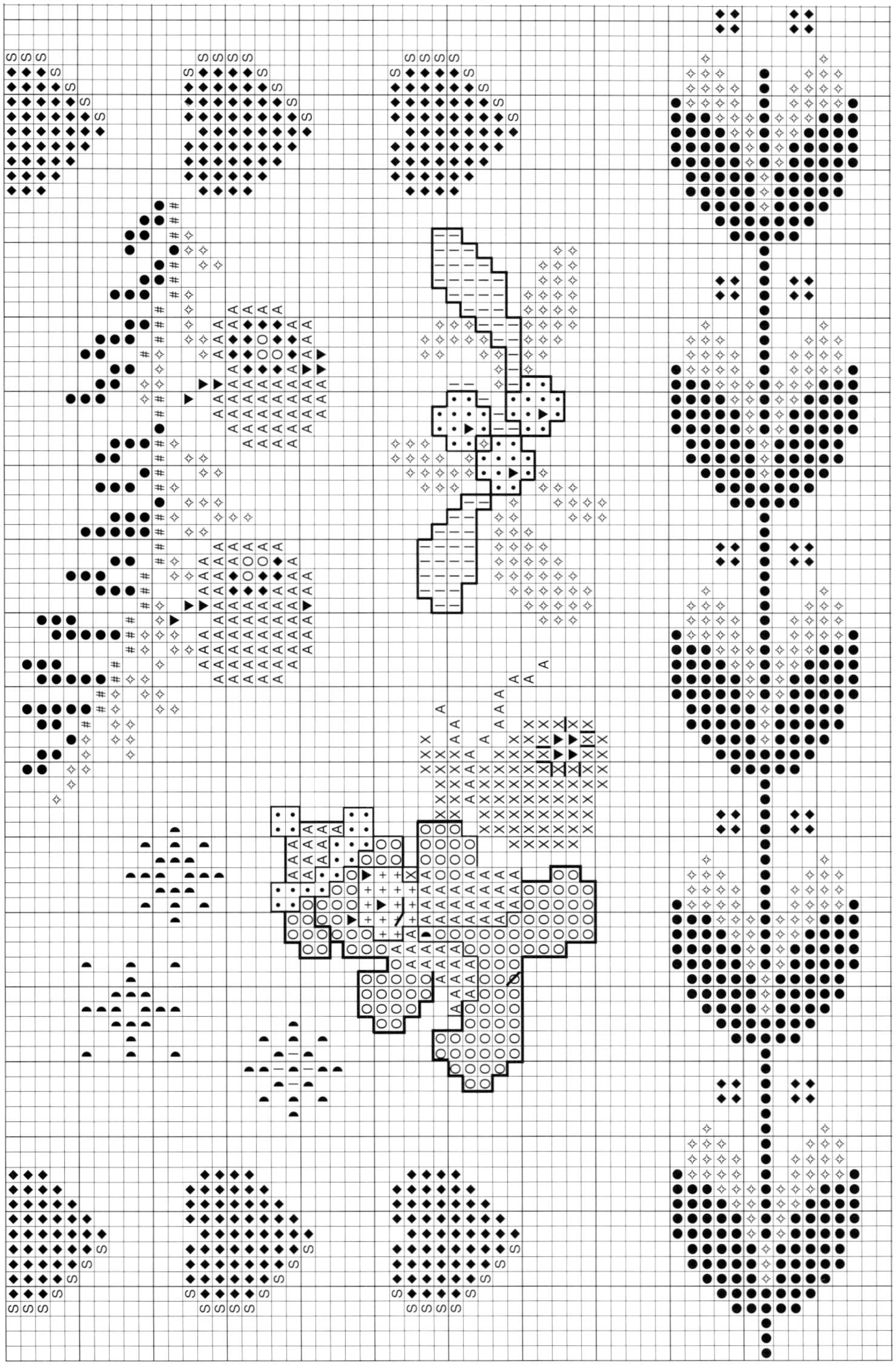

Stickgarnfarben zu Seite 28 und 29

Adventskalender

X zimtbraun, dunkel
◆ hellblau
O kanariengelb
· schneeweiß
schwarz
V taubenblau, hell
● tannengrün, dunkel
✧ patinagrün
A maisgelb, dunkel
S hellbraun
•• rosé
+ antikrot
▼ rot
◗ violett
I himmelblau, dunkel
✲ geranienrot
Konturen: schwarz

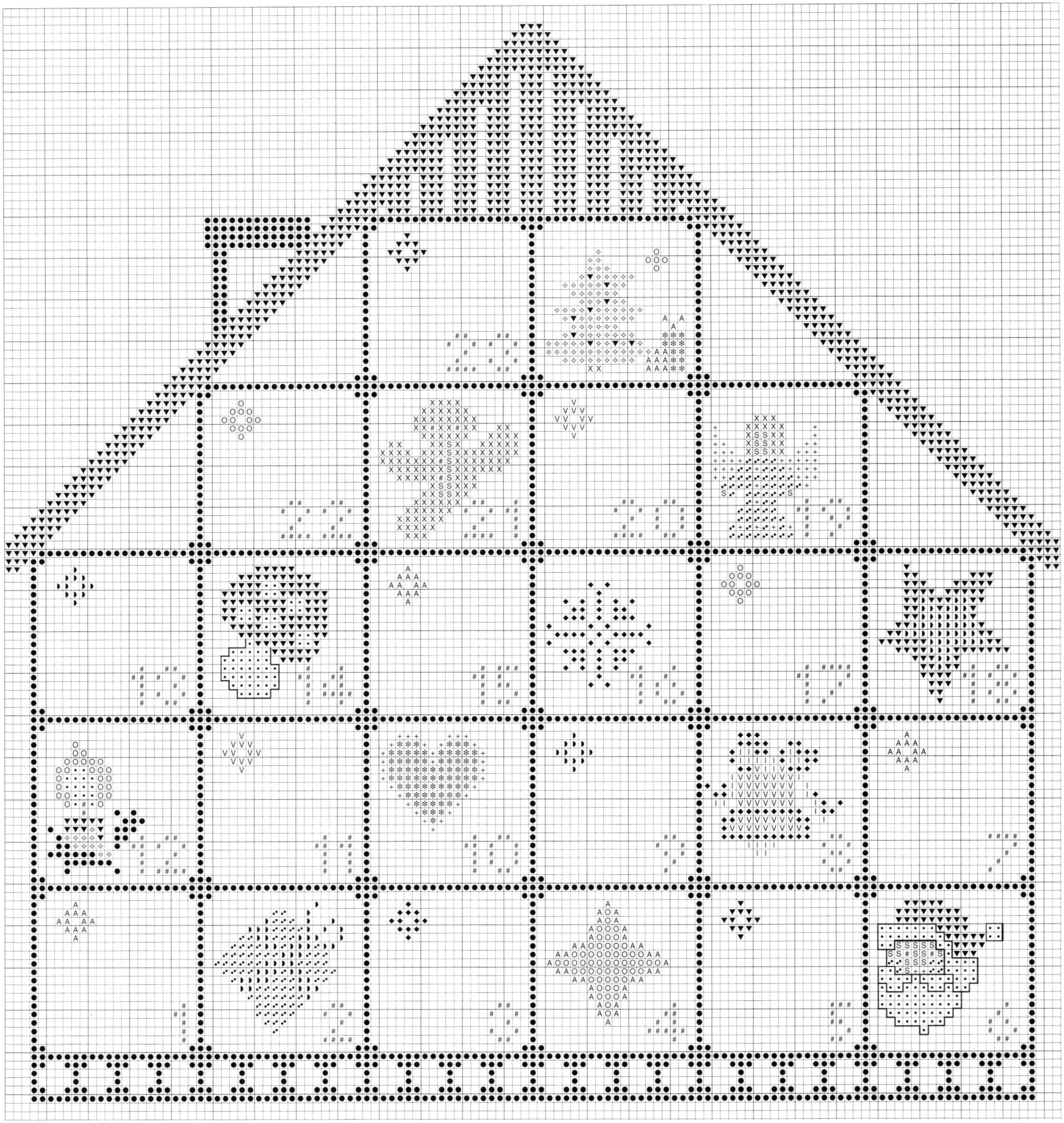

Fachwerkhaus mit Päckchen

Lauter bunte Päckchen warten hier mit 24 Überraschungen nicht nur auf kleine Naschkatzen. Ein solches Adventshaus verkürzt die Zeit des Wartens auf das Christkind.

Adventskalender

ARIOSA 3711/99 creme

Motivgröße:
129 x 129 Stiche = ca. 34 x 34 cm
Stoffgröße: je nach Rahmengröße
Zubehör: 12 goldfarbene Ringe (Gardinenabteilung), 24 Päckchen

Sticktwist, 4-fädig

1 KÄSTCHEN = 2 GEWEBEFÄDEN

Die Anleitung für das Rahmen von Bildern finden Sie auf Seite 9.
Die Ringe gemäß der Abbildung annähen und daran mit einem Faden jeweils zwei Päckchen befestigen.

Stickgarnfarben auf Seite 27

Nikolausstiefel

Würden Sie sich nicht freuen, wenn am Nikolausmorgen dieser prächtige Stiefel, gefüllt mit Leckereien und Päckchen, vor der Tür auf Sie wartete?

Stiefel

Abb. Titelbild
DUBLIN 3604/53 natur

Motivgröße:
114 x 128 Stiche = ca. 23 x 26 cm
Stoffgröße: 40 x 45 cm
Rückwandstoff: 40 x 45 cm
Futterstoff: 40 x 120 cm
Stoffzuschnitt: laut Schnittzeichnung, den Futterstoffschnitt am Schaft um ca. 15 cm verlängern
Paspel: ca. 120 cm, rot

Sticktwist, 2-fädig

1 KÄSTCHEN = 2 GEWEBEFÄDEN

Die Schnittzeichnung auf das Originalmaß vergrößern. Den bestickten Stoff, den Rückwandstoff und zweimal den Futterstoff laut Schnittzeichnung zuschneiden. Dabei beachten, daß der Futterstoff um ca. 15 cm verlängert sein muß.

Das Futter rechts auf rechts zusammennähen. Die Naht ausstreifen und den Futterstiefel zwischen den bestickten und den Rückwandstoff stecken. Die Stoffe aufeinanderheften. Den Stiefel rundherum mit rotem Paspelband zusammensteppen. Die Futterstulpe nach außen umschlagen.

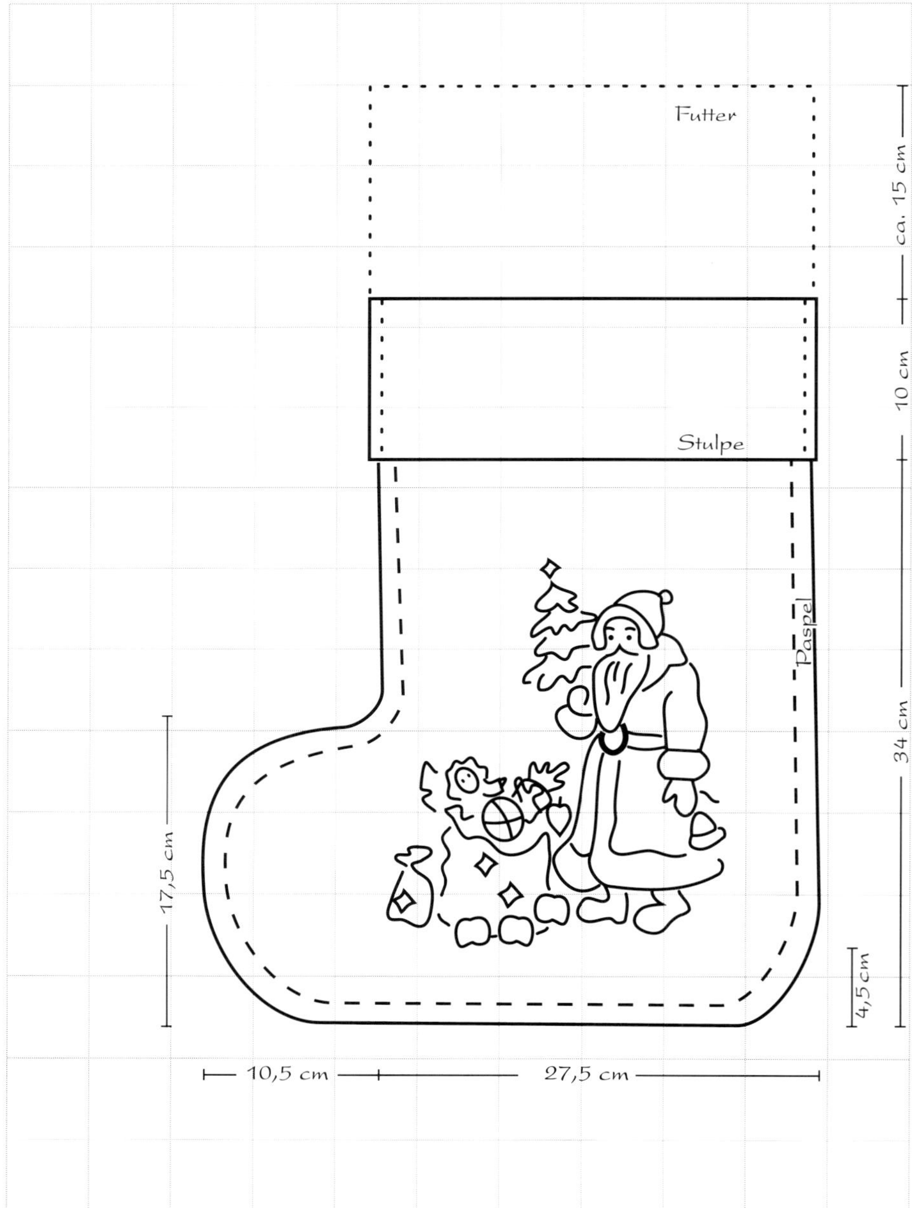

1 Kästchen = 5 cm im Original.

- • schneeweiß
- ◗ schwarz
- + leuchtendrot
- ● kirschrot
- ◆ rindenbraun
- ▼ tabakbraun
- S ocker, hellst
- I maisgelb, hell
- = goldgelb
- ✻ graublau
- V mittelgrau
- X tannengrün, dunkel
- # resedagrün, dunkel
- ~ schilfgrün

Konturen: schwarz

Schneemänner & Engel

Wer hätte nicht Lust, die lustigen Schneemänner und die kleinen Sternenputzer zu sticken? Ob als Kartengruß, Geschenkschachtel oder Band – vielleicht sogar ums Weihnachtspäckchen. Wer freut sich da nicht?

Karten Schneemann

LUGANA 3835/535 aquamarin
DUBLIN 3604/23 natur-meliert

Motivgröße:
29 x 27 Stiche = ca. 6 x 6 cm
Stoffzuschnitt: je nach Kartengröße

STICKTWIST, 2-fädig

1 KÄSTCHEN = 2 GEWEBEFÄDEN

Passepartoutkarten sind in großer Auswahl im Fachhandel erhältlich.

Borte Schneemänner

REINLEINEN-STICKBAND 7273/53 natur uni

Motivgröße:
107 x 30 Stiche = ca. 40 x 6 cm

STICKTWIST, 2-fädig

1 KÄSTCHEN =
2 FADENGRUPPEN

Die Motive werden von der Bandmitte her eingeteilt und nach dem Sticken z. B. auf Gästehandtücher genäht.

Karte Engel

LUGANA 3835/423 hellapricot

Motivgröße:
30 x 31 Stiche = ca. 6 x 6 cm

STICKTWIST, 2-fädig

1 KÄSTCHEN = 2 GEWEBEFÄDEN

Passepartoutkarten finden Sie in großer Auswahl im Fachhandel.

Spanschachtel Engel

DUBLIN 3604/23 natur-meliert

Motivgröße:
30 x 31 Stiche = ca. 6 x 6 cm
Stoffgröße: 15 x 15 cm
Spanschachtel: Durchmesser 12 cm
Satinband: 2 cm breit, 40 cm lang, hellrosa
1 cm breit, 75 cm lang, pink
Füllvlies: Durchmesser 12 cm

STICKTWIST, 2-fädig

1 KÄSTCHEN = 2 GEWEBEFÄDEN

Das Motiv in die Mitte des Stoffes plazieren.
Die Stickerei auf den Deckel der Spandose legen. Vlies, in Deckelgröße zugeschnitten, zwischen Stoff und Dosendeckel legen. Die Stickerei mit ca. 2 cm Stoffzugabe über den Deckelrand kleben und mit Satinband oder Zierlitze 2 cm breit den Kleberand überdecken. 1 cm breites Satinband so auf das erste Band kleben, daß man es zur Schleife binden kann.

Zählvorlagen auf Seite 34

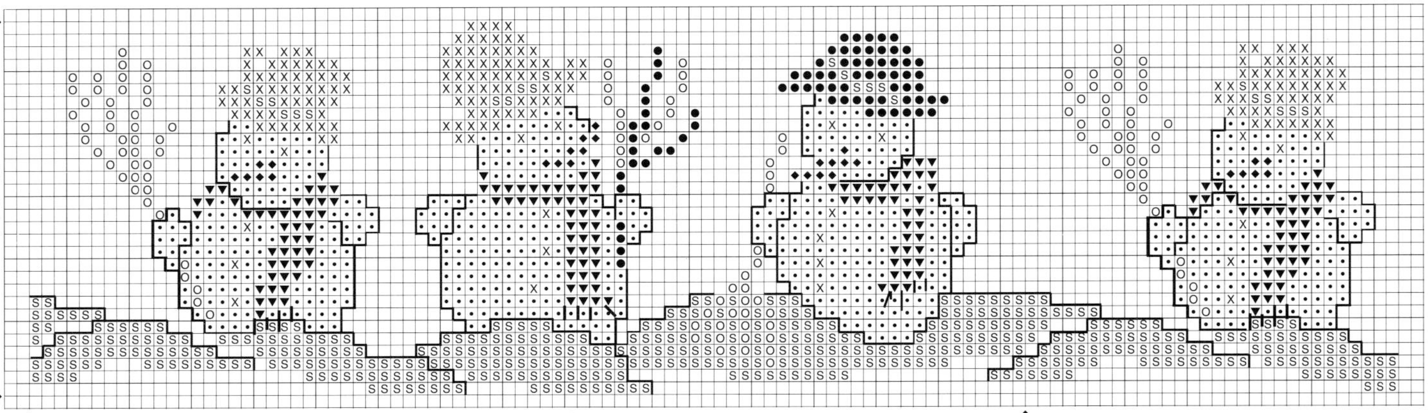

30 Stiche

Rapport = 80 Stiche

Engel

● zimtbraun, hell
S antikrosa, hellst
\+ dunkelbraun
I antikrosa
▲ altrosa, dunkel
• creme
O ginstergelb, hellst
Konturen: dunkelbraun

Schneemänner

◆ terracotta, blaß
O eiche
▼ taubenblau, dunkel
X schwarz
● dunkelgrau
S hellgrau
• schneeweiß
Konturen: schwarz
Schalfransen: taubenblau, dunkel

Schneemann

O eiche
▼ taubenblau, dunkel
◆ terracotta, blaß
● dunkelgrau
X schwarz
S hellgrau
• schneeweiß
Konturen: dunkelgrau
Schalfransen: taubenblau, dunkel

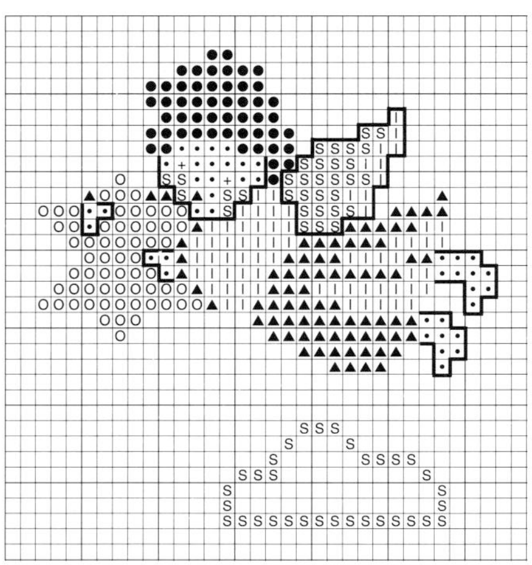

Zählvorlagen zu Seite 32 und 33

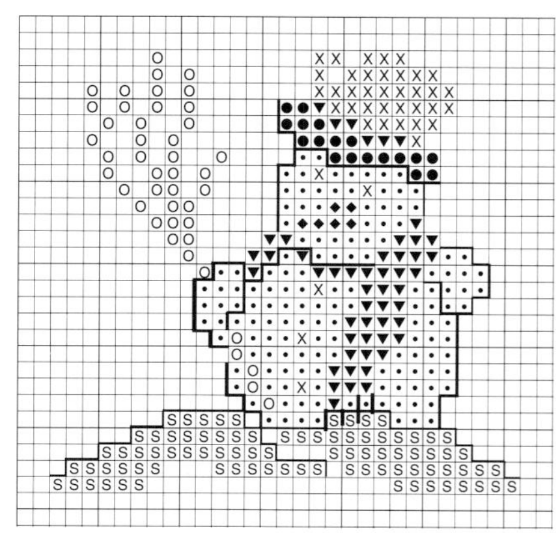

Zählvorlage zu Seite 36 und 37

● gold
\+ tannengrün, dunkel
✳ tannengrün, hell
O rot

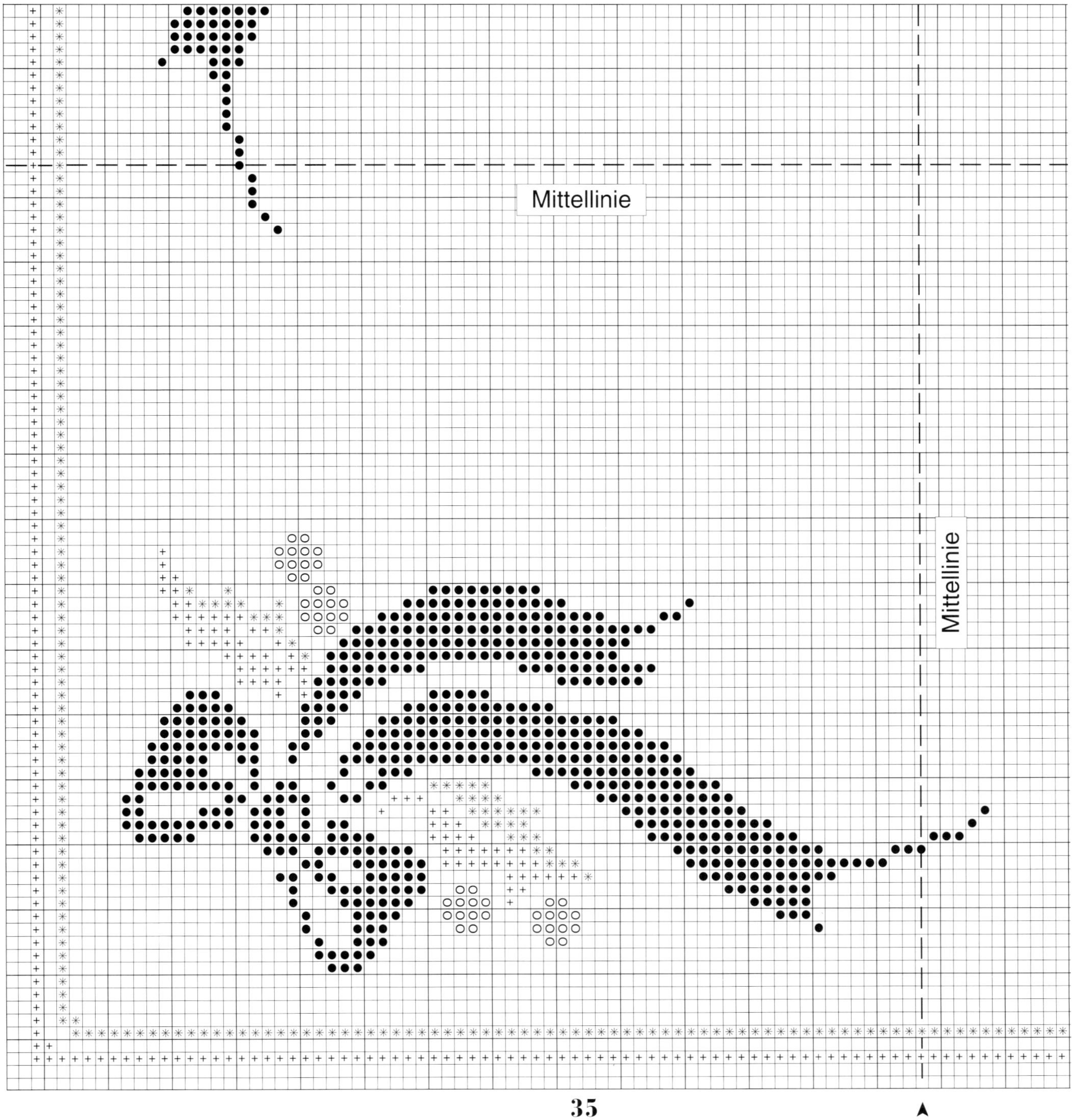

Goldene Schleifen

Ilexzweige und rote Beeren, mit goldenen Schleifen geschmückt, wenn das nicht festlich wirkt! Solch ein Deckchen findet überall seinen Platz.

Weihnachtsdeckchen

TILLA 3995/18 weiß-gold

Motivgröße:
139 x 139 Stiche = ca. 34 x 34 cm
Stoffgröße: 42 x 42 cm
Saum: 2,5 cm breit
Deckenmaß: 38 x 38 cm

Sticktwist, 3-fädig
Goldgarn, 2-fädig

1 KÄSTCHEN = 1 FADENGRUPPE

Die Decke von der Mitte aus einteilen. Dazu den Mittelstich mit Heftfaden markieren. Die Zählvorlage zeigt etwas mehr als ein Viertel der Decke. Zum Sticken wird sie gedreht. Die gestrichelte Linie in der Zeichnung entspricht Ihrem Mittelstich (Heftfaden). Nach dem Sticken arbeiten Sie in 16 cm Abstand von der Deckenmitte einen doppelten, 2,5 cm breiten Saum, der an den äußeren dunkelgrünen Kreuzstichrand stößt (Anleitung siehe Seite 7).

Zählvorlage auf Seite 35

Goldene Sterne

Wie der Sternenhimmel, gold und blau, ist das nicht ein prächtiges Geschenk zum Fest? Da fehlt nur noch strahlender Kerzenschein. Das klassische Fröbelsternmotiv ist einfach zu zählen und wird überall Freude bereiten.

Nach dem Sticken arbeiten Sie in 18 cm Abstand von der Deckenmitte einen doppelten, 2,5 cm breiten Hohlsaum (Anleitung siehe Seite 7).

Zählvorlage auf Seite 40

Festliches Deckchen

BELLANA 3256/533 dunkelblau

Motivgröße:
131 x 131 Stiche = ca. 33 x 33 cm
Stoffgröße: 45 x 45 cm
Hohlsaum: 2,5 cm breit
Deckenmaß: 40 x 40 cm

Goldgarn, 2-fädig

1 KÄSTCHEN = 2 GEWEBEFÄDEN

Die Decke von der Mitte aus einteilen und die Mittellinie mit Heftfaden markieren. Die Zählvorlage zeigt etwas mehr als ein Viertel des Deckchens. Zum Sticken wird sie gedreht. Die gestrichelte Linie in der Zeichnung entspricht Ihrer Mittellinie (Heftfaden).

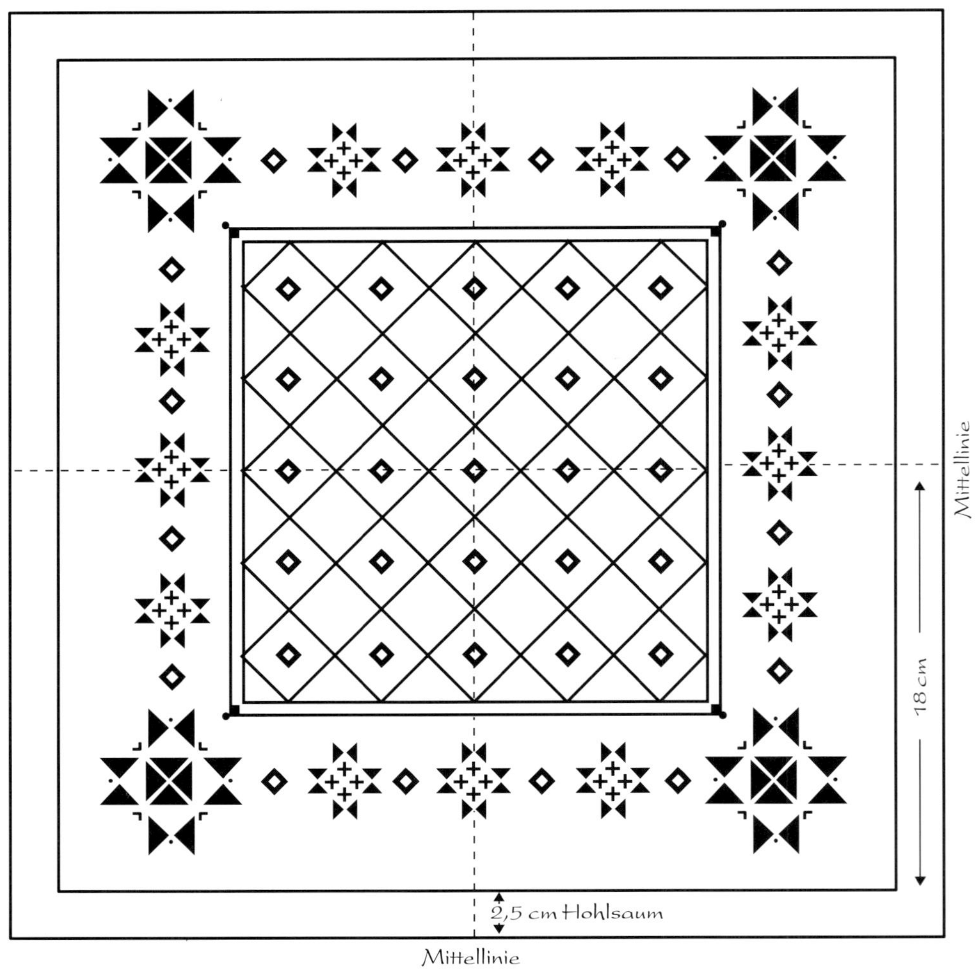

● gold

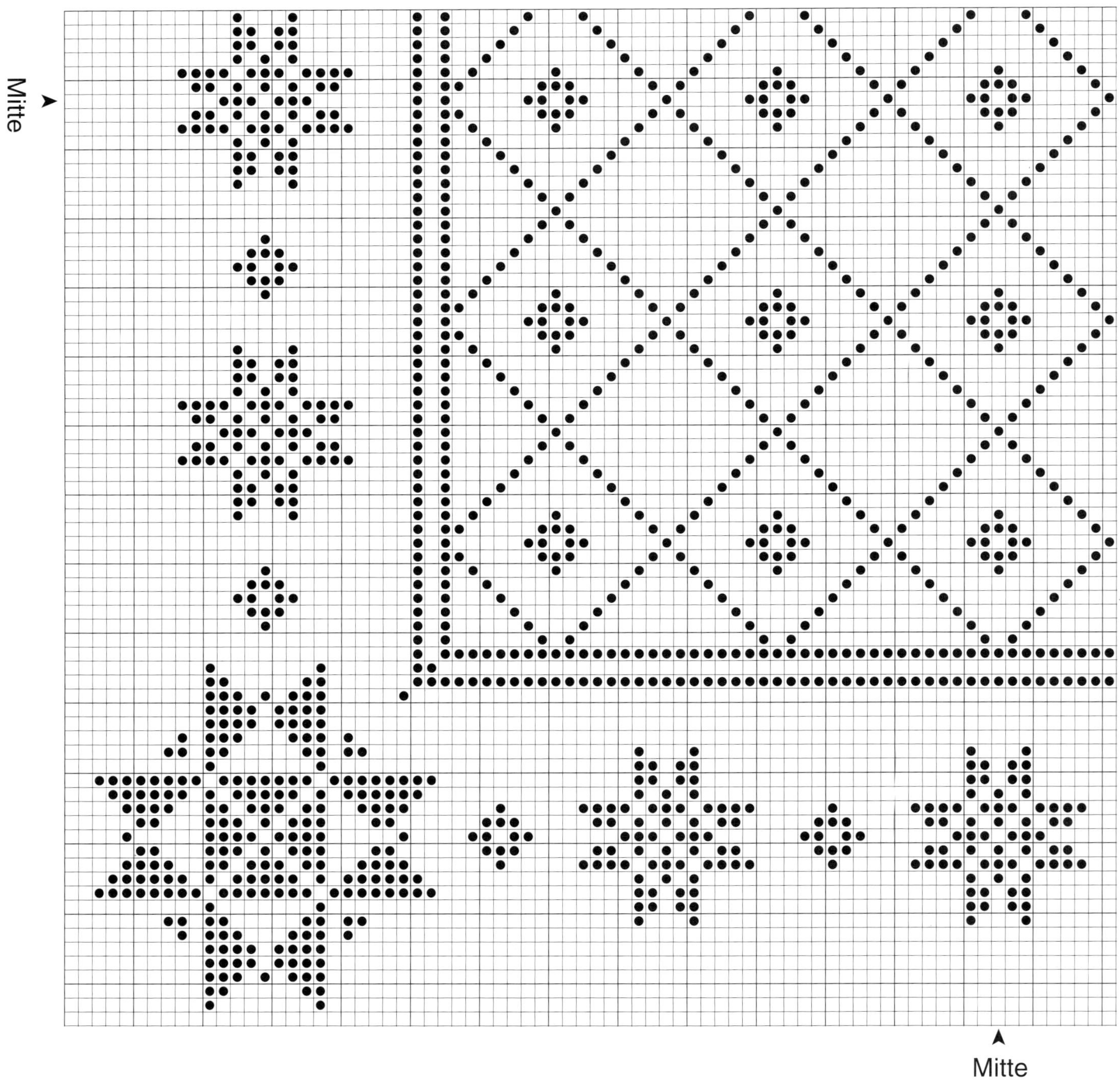

Vom Himmel hoch . . .

Wie die Rauschgoldengel aus Glanzfolie wirkt dieser goldene Engelschor auf weihnachtlich rotem Grund. Für den Plätzchenteller genauso eine glanzvolle Zierde wie unter dem Adventskalender.
Wer es nicht ganz so golden mag, dem werden sicher die roten Weihnachtsengel auf dem dezent glitzernden Stoff gefallen. Dazu ein paar Lebkuchen und Zuckerwerk, dann ist die festliche Stimmung schon herbeigezaubert.

ROT-GOLDENES WEIHNACHTSDECKCHEN

Abb. Seite 43
BELLANA 3256/954 rot

Motivgröße:
118 x 118 Stiche = ca. 29,5 x 29,5 cm
Stoffgröße: 43 x 43 cm
Hohlsaum: 2,5 cm breit
Deckenmaß: 38 x 38 cm

GOLDGARN, 2-fädig

1 KÄSTCHEN = 2 GEWEBEFÄDEN

Das Deckchen von der Mitte aus einteilen und die Mittellinie mit Heftfaden markieren. Die Zählvorlage zeigt etwas mehr als die Hälfte einer Seite und eine Ecke des Deckchens. Zum Sticken wird sie gedreht. Die gestrichelte Linie in der Zeichnung entspricht Ihrer Mittellinie (Heftfaden).
Nach dem Sticken arbeiten Sie mit 16,5 cm Abstand von der Deckenmitte einen 2,5 cm breiten, doppelten Hohlsaum (Anleitung siehe Seite 7).

Zählvorlage auf Seite 42

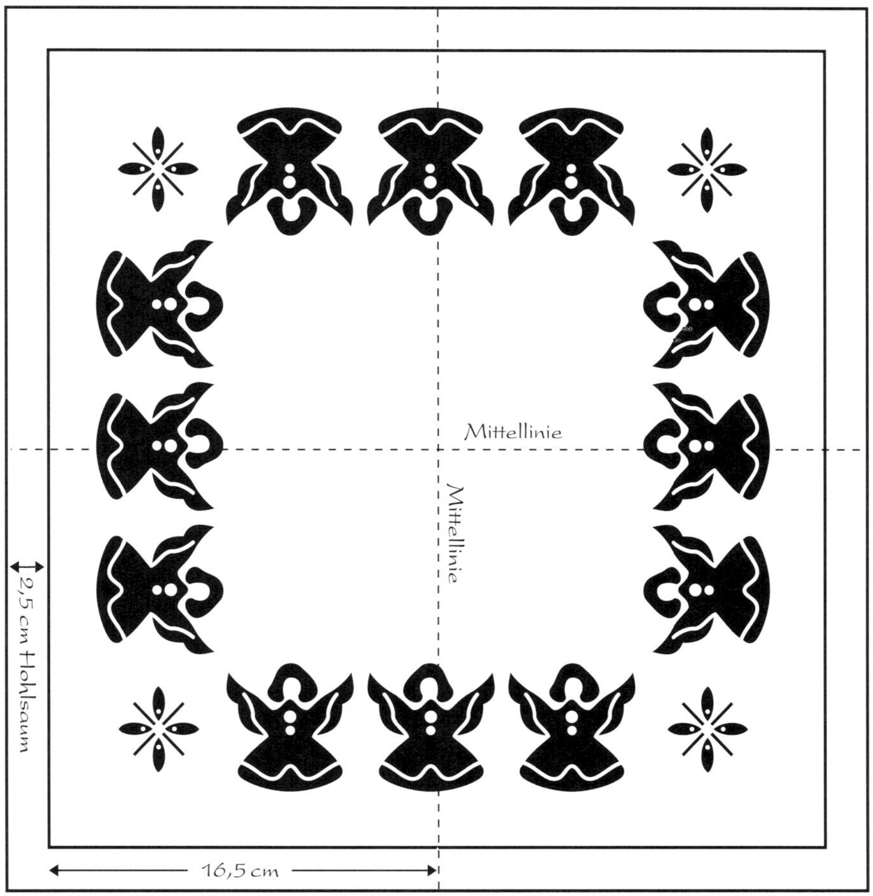

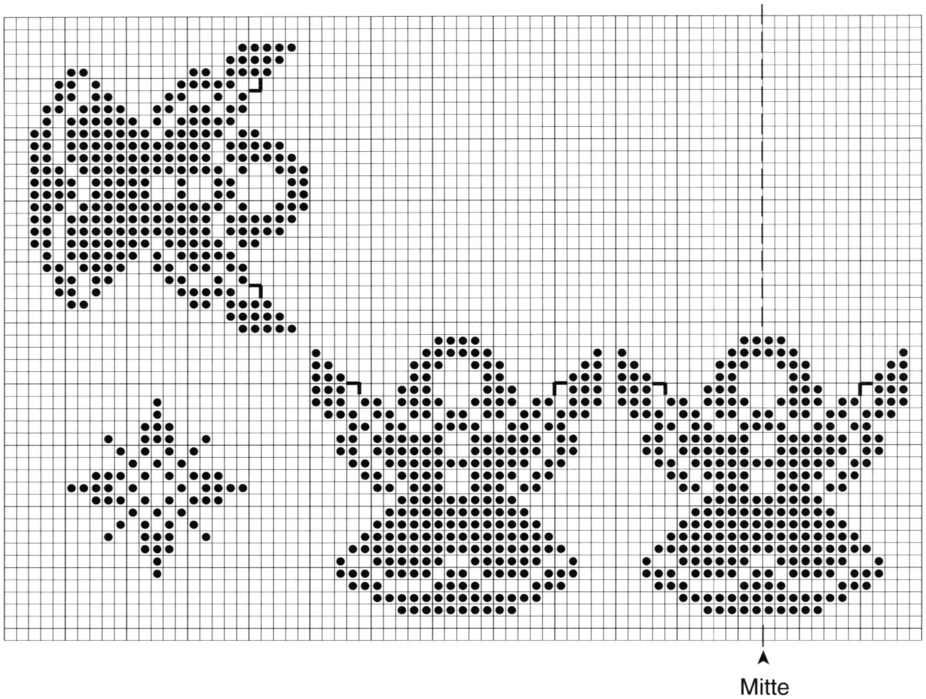

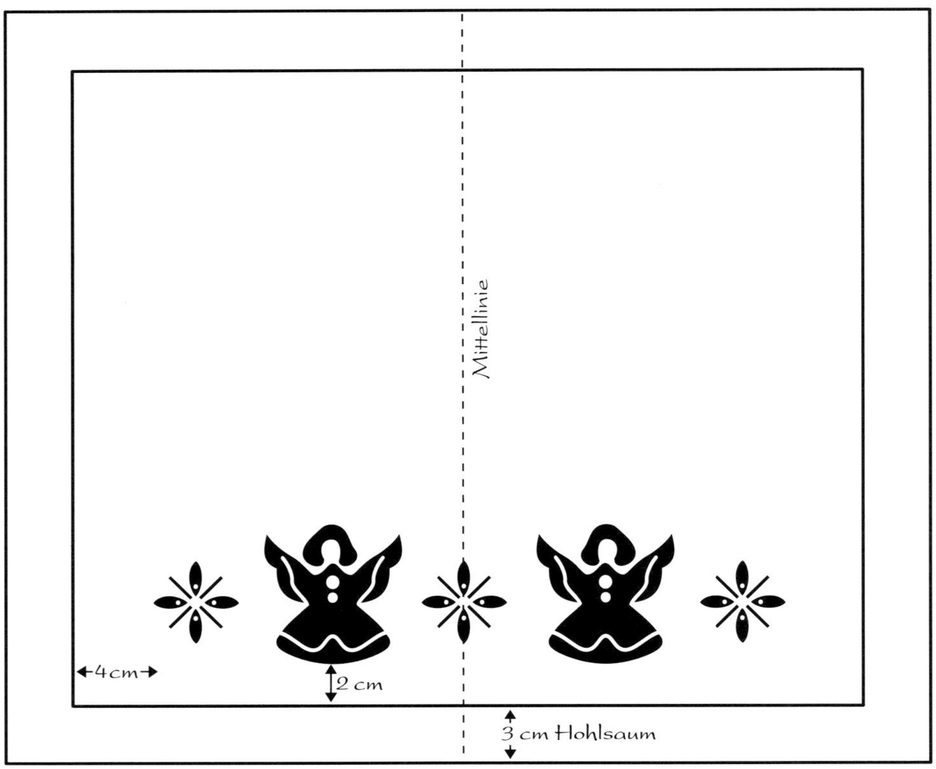

Zählvorlage zu Seite 41

● gold

WEIHNACHTSSET
BELLANA 3256/118 weiß-gold

Motivgröße:
113 x 23 Stiche = ca. 29 x 6 cm
Stoffgröße: 49 x 41 cm
Hohlsaum: 3 cm breit, rot genäht
Setmaß: 43 x 35 cm

STICKTWIST, 2-fädig

1 KÄSTCHEN = 2 GEWEBEFÄDEN

Mit Heftfaden die Mitte des Sets gemäß der Schemazeichnung markieren. Der Mittelstich ist in der Zählvorlage gekennzeichnet. Das Motiv so auszählen, daß am linken und rechten Rand 4 cm, am unteren Rand 2 cm Abstand zum Saum bleiben.
Nach dem Sticken einen 3 cm breiten, doppelten Hohlsaum mit rotem Garn in diesen Abständen um das Set nähen (Anleitung siehe Seite 7).

● weihnachtsrot

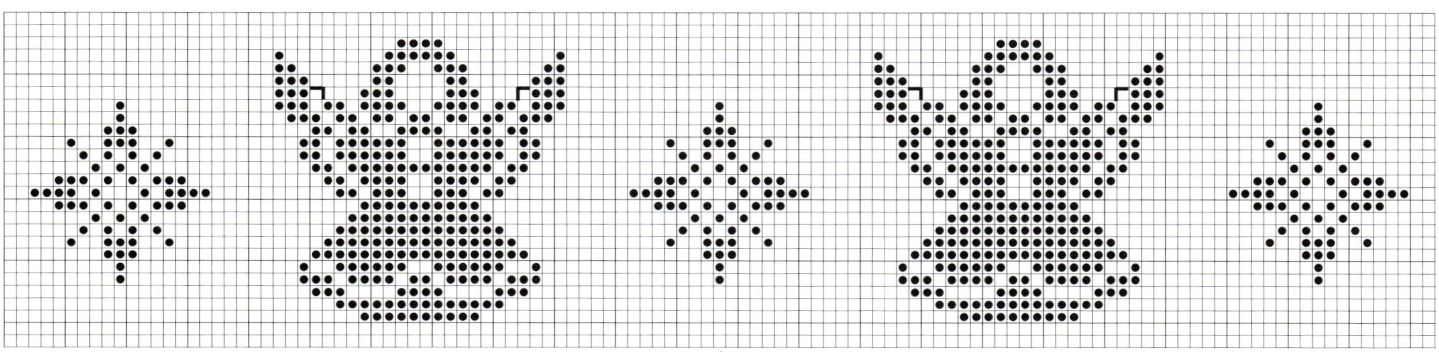

Mitte

Bunte Sterne

Bunt wie die Päckchen unterm Tannenbaum sind die Sterne auf dieses Set gefallen. Das sind Motive, die nicht nur zur Weihnachtszeit fröhlich stimmen.

STICKTWIST, 4-fädig

1 KÄSTCHEN = 2 GEWEBEFÄDEN

SET ODER TABLETTDECKCHEN

DAVOSA 3770/1 weiß

Motivgröße:
159 x 113 Stiche = ca. 45 x 33,5 cm
Stoffgröße: 50 x 35 cm
Paspel: ca. 170 cm, gelb

Die Zählvorlage zeigt das gesamte Set. Lassen Sie rundherum 1 cm Platz für die Paspel. Wenn Sie den Abstand zwischen der linken Sternenborte und den rechten Sternen verändern, paßt das Deckchen auch auf Ihr Tablett.

SERVIETTE

DAVOSA 3770/1 weiß

Motivgröße:
23 x 26 Stiche = ca. 6,5 x 8 cm
Stoffgröße: ca. 35 x 35 cm
Paspel: ca. 150 cm, gelb

Das Sternmotiv so auf die Serviette plazieren, daß sich ein Abstand von 4 cm zum oberen und 4,5 cm zum linken Rand ergibt.

Zählvorlagen auf Seite 46 und 47

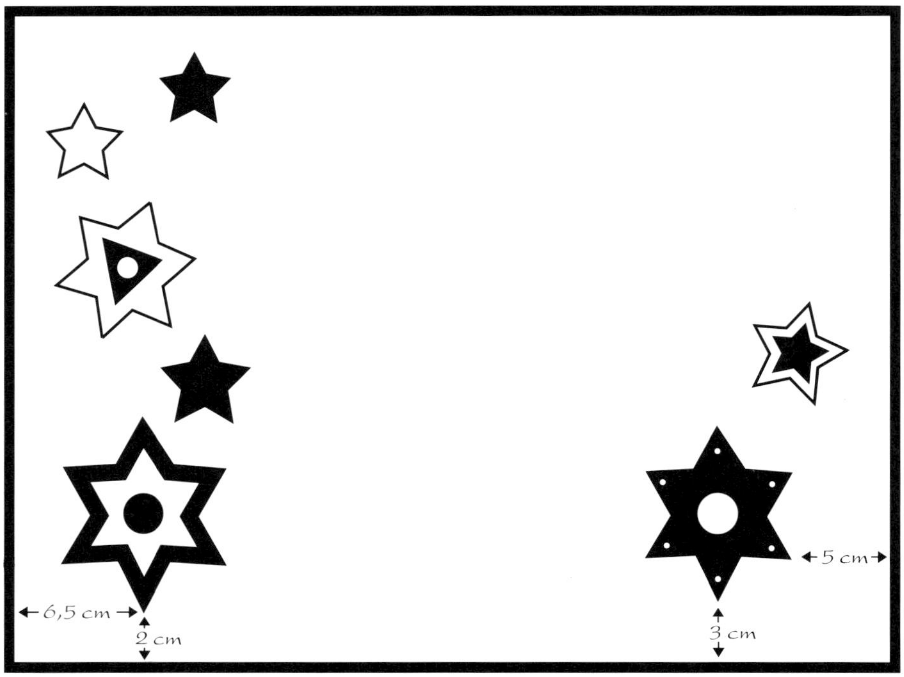

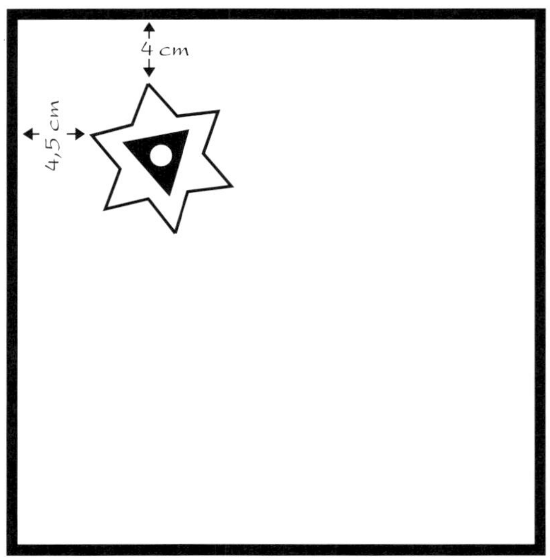

Marmeladenglas-Deckchen

Abb. Seite 45
DAVOSA 3770/1 weiß

Motivgröße:
29 x 27 Stiche = ca. 8 x 7,5 cm
Stoffgröße: Durchmesser ca. 20 cm
Paspel: ca. 65 cm, violett

Das Sternmotiv in die Mitte des Deckchens plazieren.

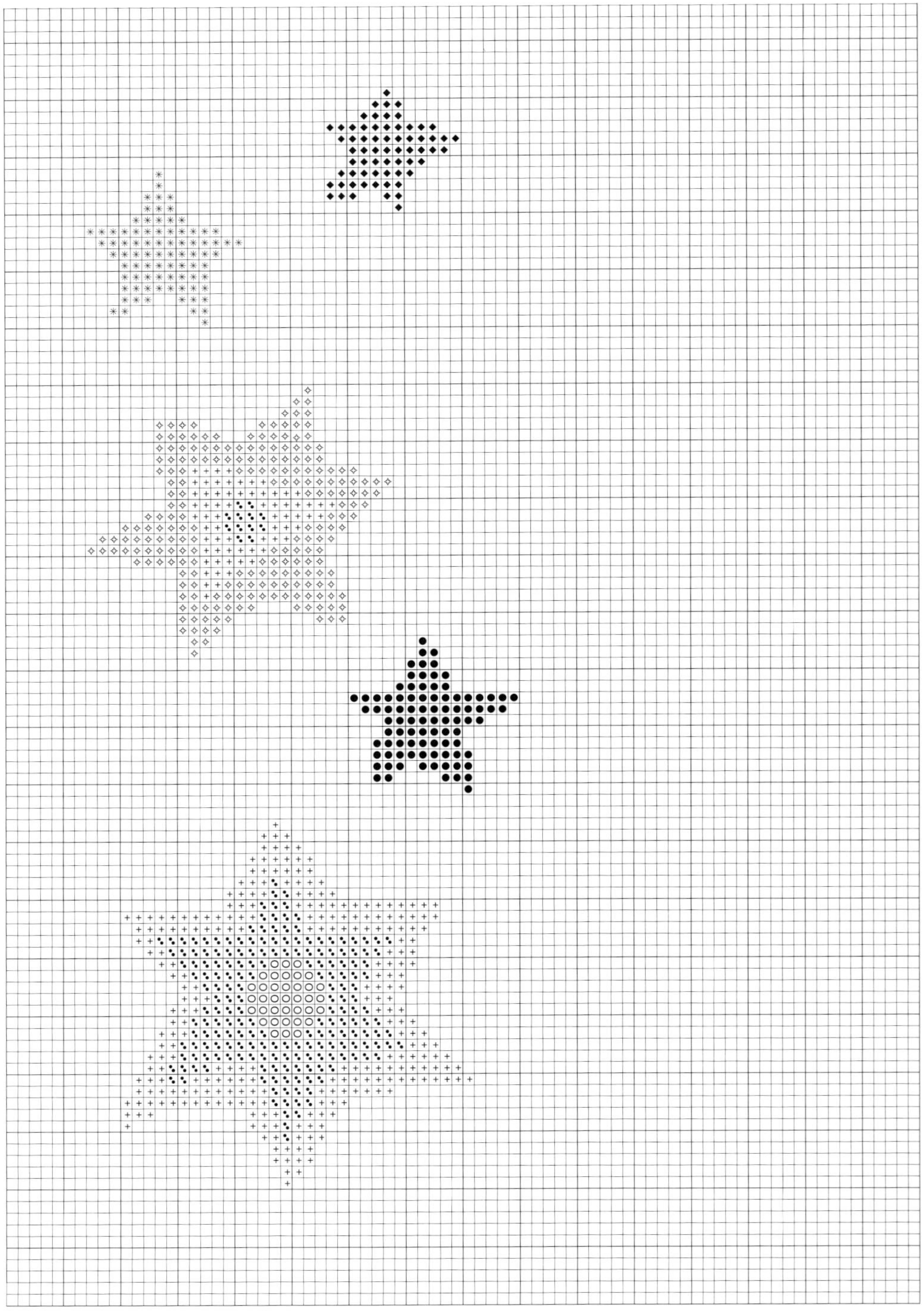

Zählvorlagen zu Seite 44 und 45

Set

- O maigrün, mittel
- •• pink
- \+ geranienrot
- ● violett
- ✧ ginstergelb
- ✳ kanariengelb, hell
- ◆ maisgelb, dunkel

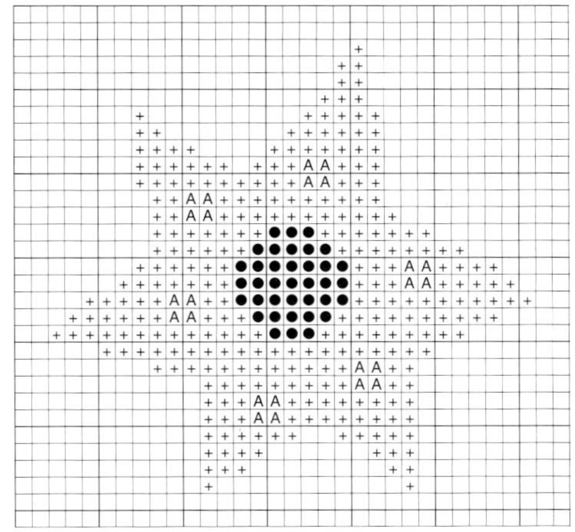

Marmeladenglas-Deckchen

A maigrün, mittel
+ geranienrot
● violett

Serviette

•• pink
● violett
S kanariengelb

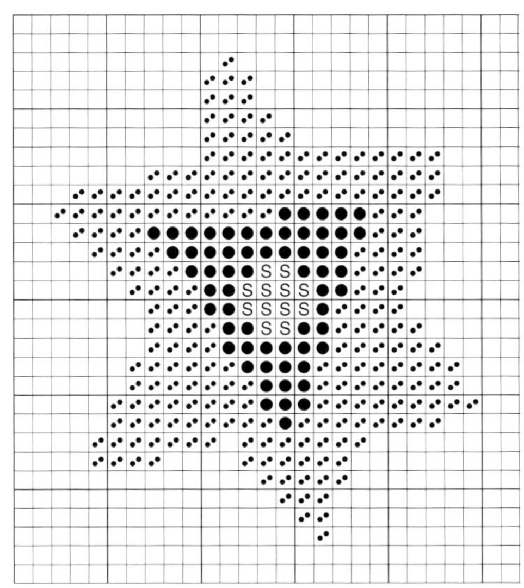

Engel und Glocken

Was wäre Weihnachten ohne Engel und Glockengeläut? Die zarten Pastelltöne dieser Stickereien passen besonders gut auf eine dunkelblaue, moderne Tischdecke oder einen festlich weiß gedeckten Tisch.

Set Engel

ARIOSA 3711/100 weiß

Motivgröße:
149 x 56 Stiche = ca. 39 x 14,5 cm
Stoffzuschnitt: ca. 43 x 29 cm
Paspel: ca. 150 cm, hellblau

Sticktwist

Kreuzstich 3-fädig
Konturen 2-fädig

1 KÄSTCHEN = 2 GEWEBEFÄDEN

Mit Heftstichen die Mitte des Sets, wie auf der Schemazeichnung auf Seite 50 zu sehen, markieren. Der Mittelstich ist in der Zählvorlage gekennzeichnet. Das Motiv so auszählen, daß am linken Rand 5 cm Abstand zwischen Engel und Paspel bleiben.
Nach dem Sticken um das Set eine Paspel nähen.

Set Glocken

ARIOSA 3711/100 weiß

Motivgröße:
149 x 54 Stiche = ca. 39 x 14 cm
Stoffzuschnitt: ca. 43 x 29 cm
Paspel: ca. 150 cm, hellblau

Sticktwist

Kreuzstich 3-fädig
Konturen 2-fädig

1 KÄSTCHEN = 2 GEWEBEFÄDEN

Mit Heftstichen die Mitte des Sets, wie auf der Schemazeichnung auf Seite 51 zu sehen, markieren. Der Mittelstich ist in der Zählvorlage gekennzeichnet. Das Motiv so auszählen, daß am linken Rand 4 cm Abstand zwischen Zweig und Paspel bleiben.
Nach dem Sticken um das Set eine Paspel nähen.

Zählvorlagen auf Seite 50 und 51

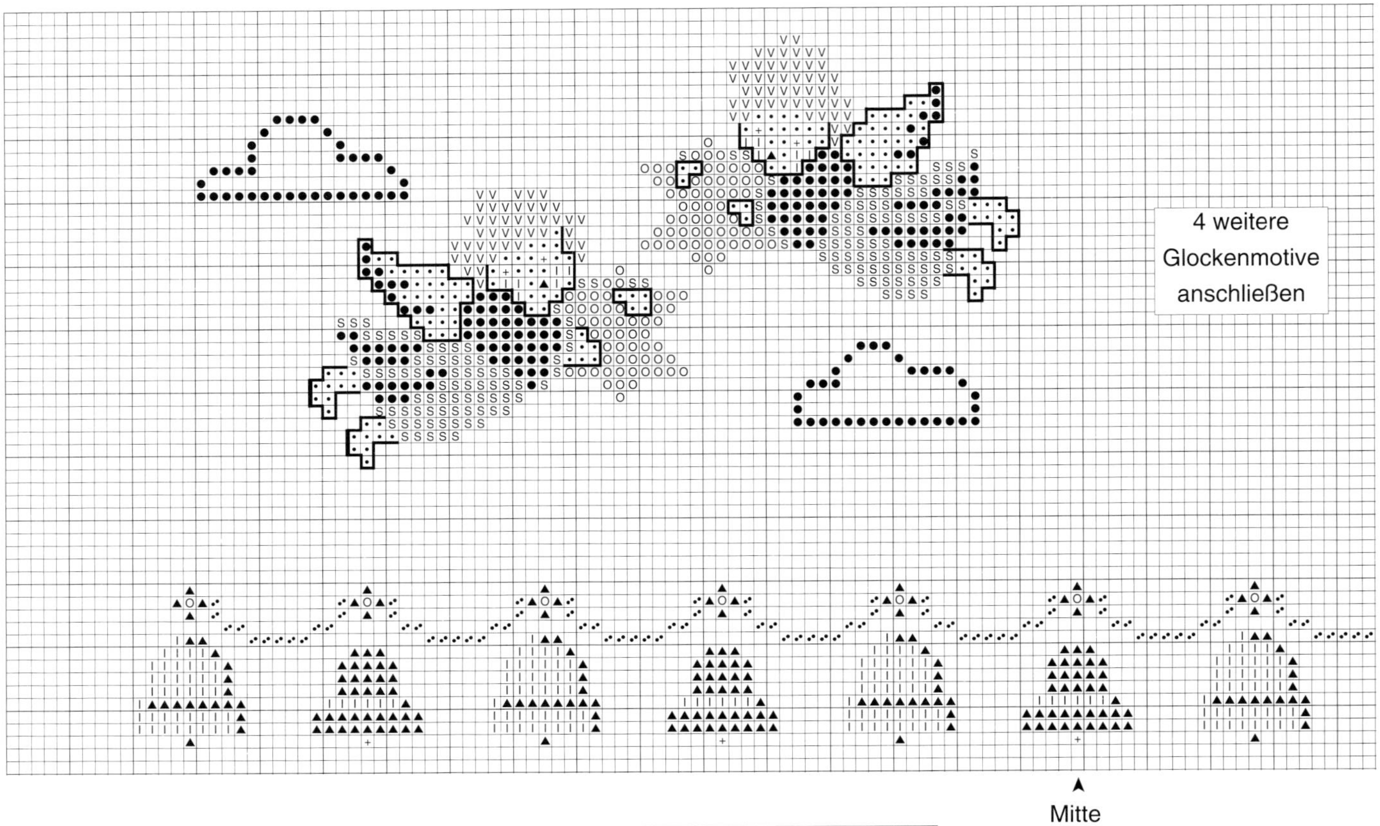

Zählvorlage zu Seite 48 und 49

Set Engel

•• tannengrün, dunkel
+ dunkelbraun
● taubenblau, hell
S himmelblau, dunkel
• creme
▲ terracotta, blaß
I antikrosa, hellst
V zimtbraun, hell
O ginstergelb, hellst
Konturen: dunkelbraun

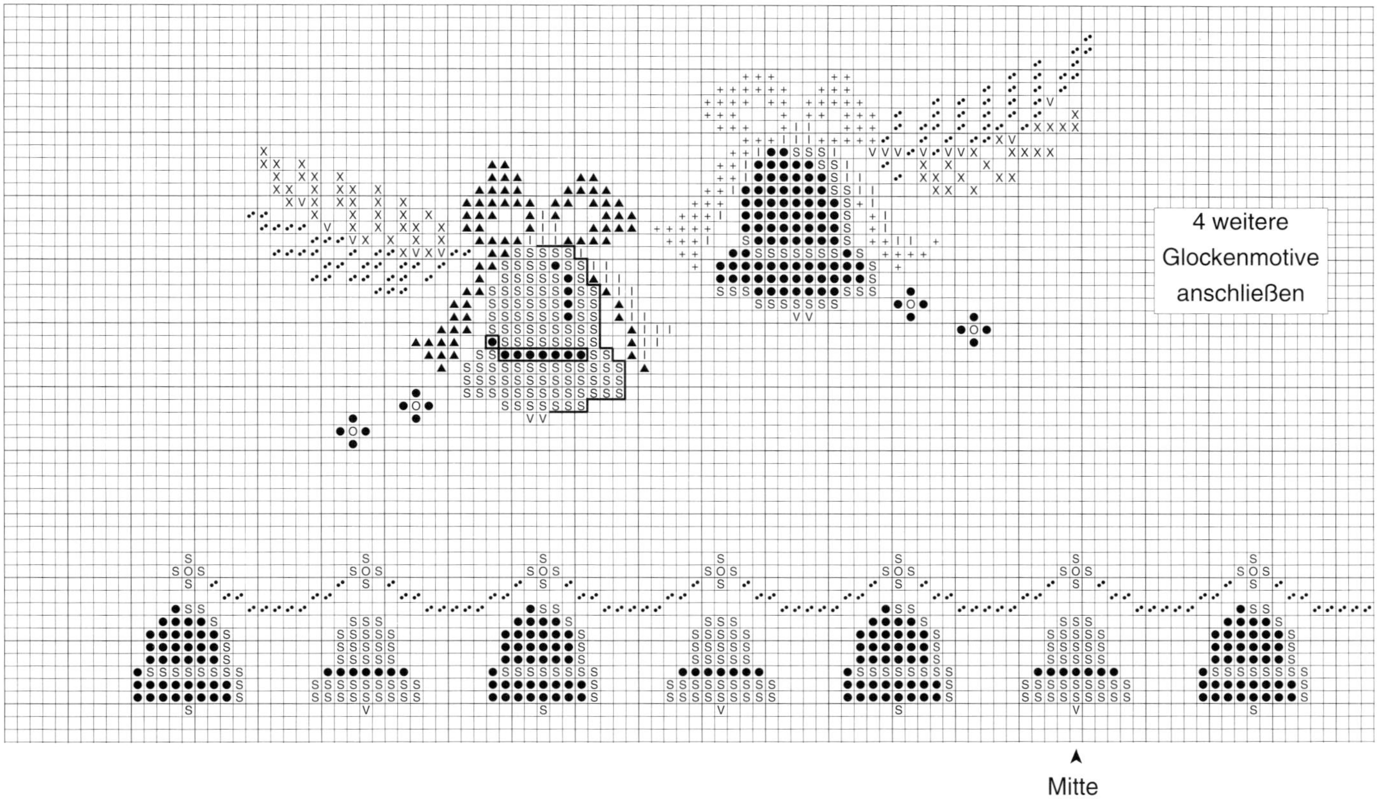

Zählvorlage zu Seite 48 und 49

Set Glocken

•• tannengrün, dunkel
S himmelblau, dunkel
● taubenblau, hell
\+ antikrot
▲ terracotta, blaß
I antikrosa, hellst
V dunkelbraun
O ginstergelb, hellst
X tannengrün, hellst
Konturen: dunkelbraun

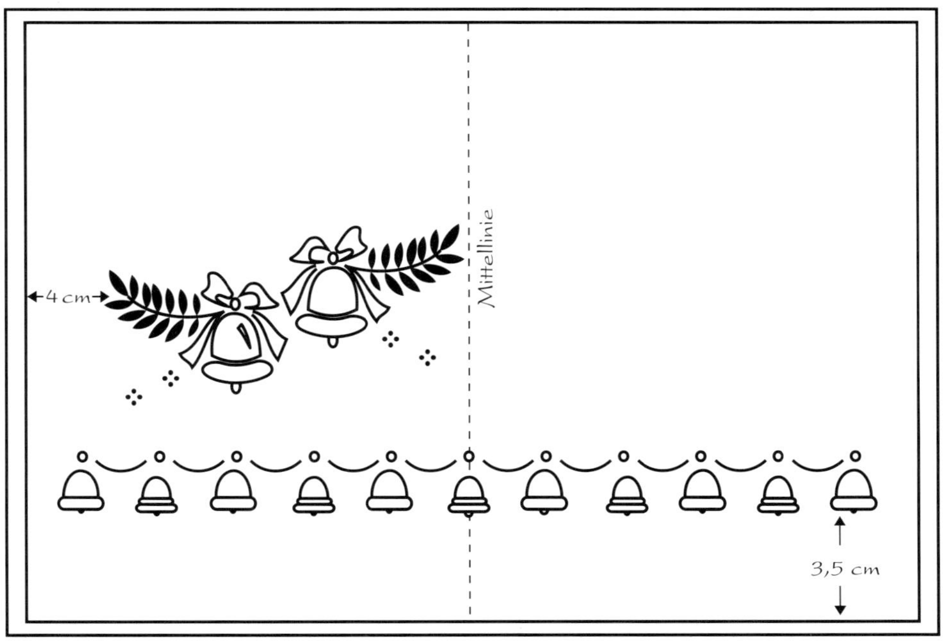

Weihnachtsbänder

Äpfel, Nüsse und Mandelkern essen nicht nur Kinder gern. Gehören sie nicht in jeden Nikolaussack?
Die Bänder können natürlich genauso zur Türkranzschleife gebunden werden sowie Handtücher oder ein Tellerbord schmücken. Sie gehören in jede gemütliche Stube.

Apfelband-Säckchen

REINLEINEN-STICKBAND 7272/39 natur-rot

Bandzuschnitt: 55 cm
Stoff: LUGANA 3835/685 tannengrün
ca. 55 x 40 cm
Spitze: 7276/9 rot
ca. 55 cm lang

STICKTWIST, 2-fädig

1 KÄSTCHEN =
2 FADENGRUPPEN

Nikolausbär-Säckchen

REINLEINEN-STICKBAND 7272/16 weiß-hellgrün

Bandzuschnitt: 45 cm
Stoff: LUGANA 3835/685 tannengrün
ca. 50 x 40 cm
Spitze: 7276/1 weiß
ca. 45 cm lang

STICKTWIST, 2-fädig

1 KÄSTCHEN =
2 FADENGRUPPEN

Gemäß Schemazeichnungen auf Seite 54 und 55 die Bänder auf den Stoff nähen.
Die obere Kante versäubern und die Spitze annähen. Dann Boden- und Seitenkanten steppen.

Für den Apfelband-Nikolaussack den Rapport 2 x sticken = 120 Stiche.

Für den Nikolausbär-Nußsack den Rapport 3 x sticken = 108 Stiche.

Marmeladenglas-Deckchen

LUGANA 3835/264 creme

Motivgröße:
36 x 26 Stiche = ca. 7 x 5 cm
Stoffgröße: Durchmesser 20 cm
Paspel: ca. 65 cm, grün

STICKTWIST, 2-fädig

1 KÄSTCHEN = 2 GEWEBEFÄDEN

Das Motiv in die Mitte des Deckchens plazieren.

Zählvorlagen auf Seite 54 und 55

Zählvorlagen zu Seite 52 und 53

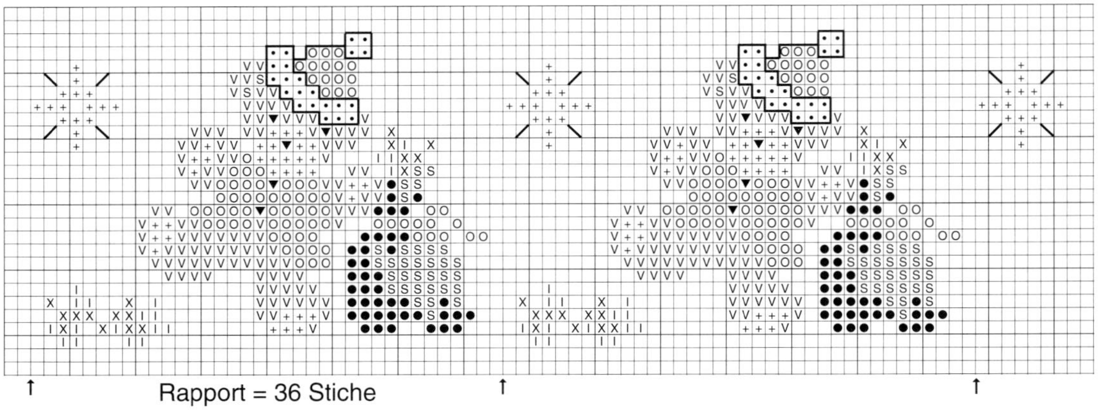

Nikolausbär

- • schneeweiß
- X tannengrün, dunkel
- I maigrün, mittel
- ▼ schwarz
- V ocker
- S rindenbraun
- ● braun
- + ocker, hellst
- O rot

Konturen: schwarz
Linien beim Stern: ocker, hellst

Apfelband

- ▼ dunkelbraun
- • tannengrün, hell
- X grasgrün
- O schwarz
- •• goldgelb
- + orange
- ● leuchtendrot

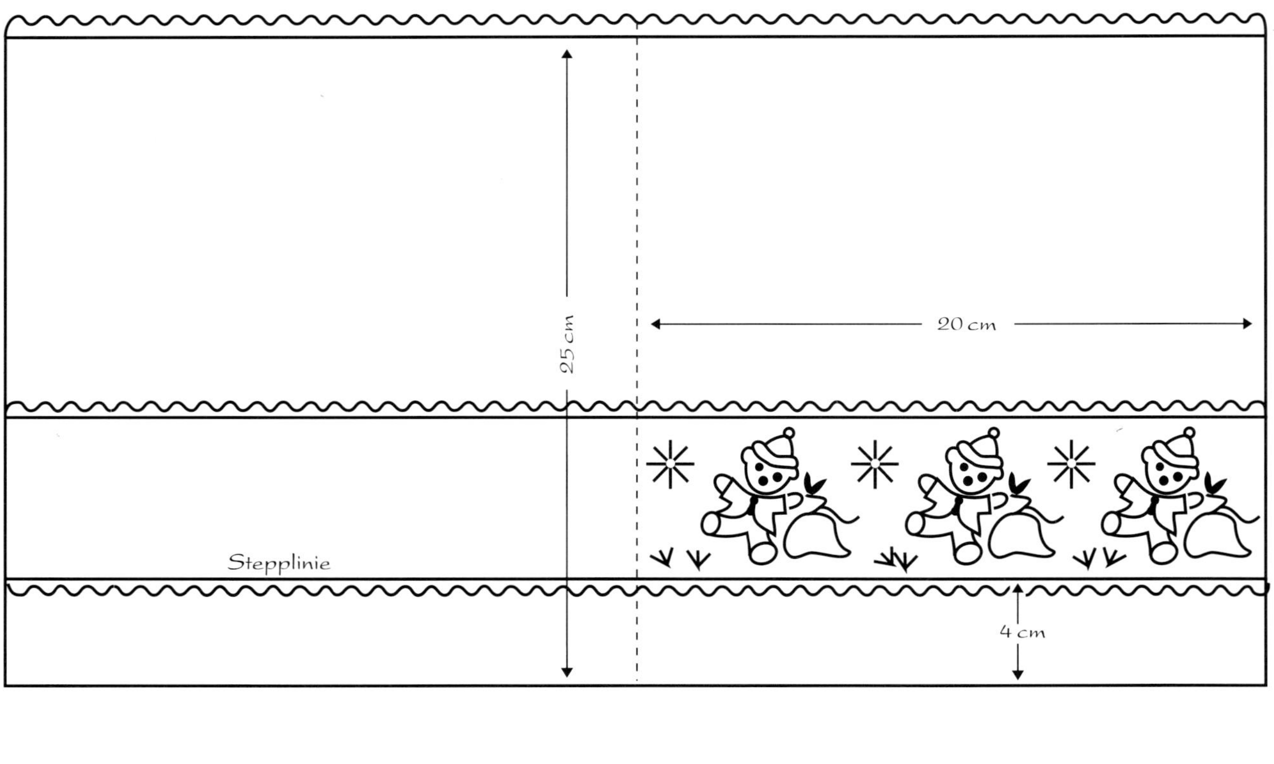

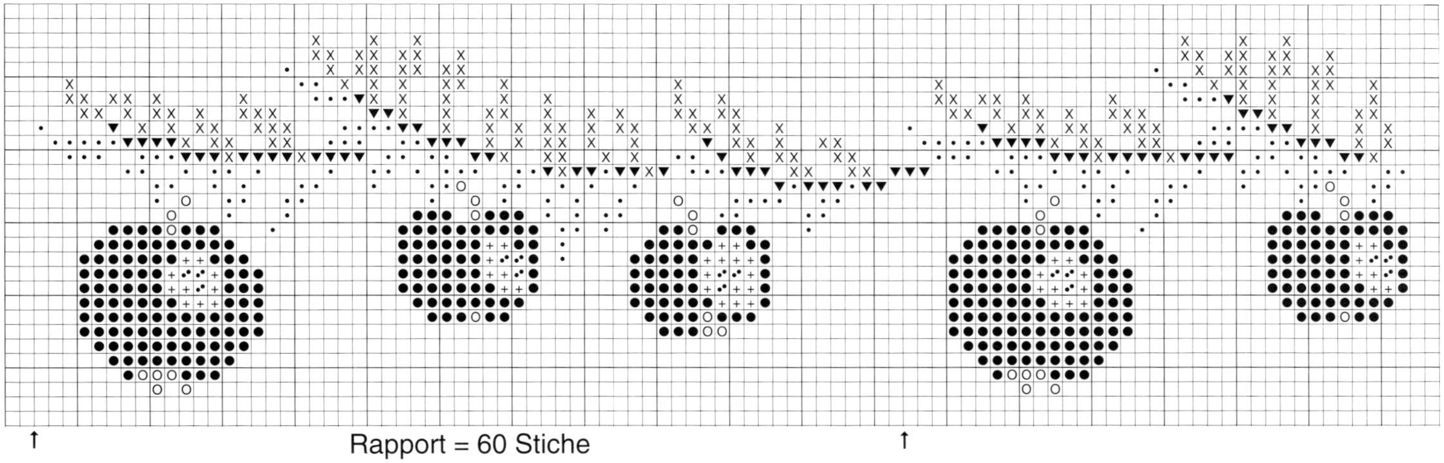

Rapport = 60 Stiche

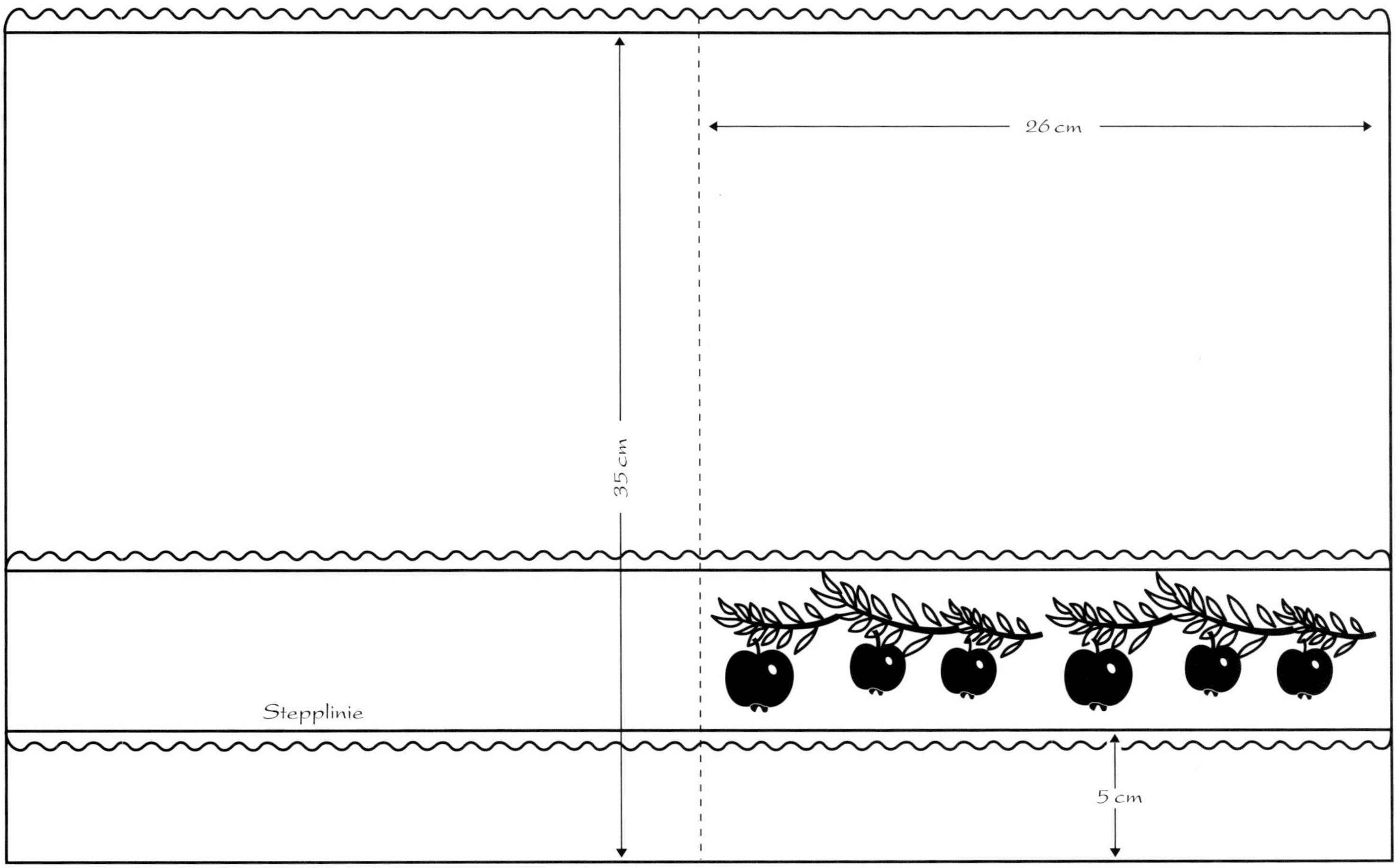

Roter Stern

Sie haben noch kein persönliches Geschenk zu einem spannenden Roman? Fangen Sie einfach an zu sticken. Am nächsten Tag ist das hübsche Lesezeichen fürs Weihnachtspäckchen schon fertig.

- • ocker, hellst
- X leuchtendrot
- ● weihnachtsrot

Lesezeichen

REINLEINEN-STICKBAND 7272/39 natur-rot

Bandlänge: 25 cm
Motivgröße:
25 x 80 Stiche = ca. 5 x 18 cm

Sticktwist, 2-fädig

1 KÄSTCHEN =
2 FADENGRUPPEN

Das Leinenband 25 cm lang zuschneiden. Das obere Bandende gerade säumen, das untere Bandende zur Spitze nähen.
Die Anleitung für die Tütenecke finden Sie auf Seite 7.

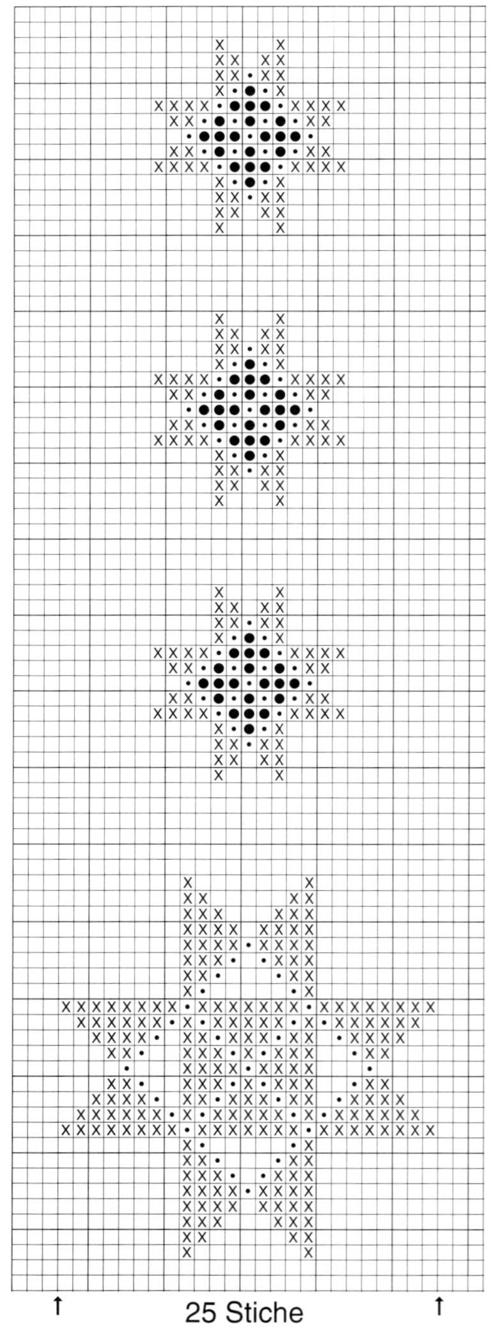

Stern und Schneekristalle

Solch ein Sterntopflappen kommt zur Weihnachtsbäckerei gerade recht. Aber auch als Mitbringsel oder im Weihnachtspäckchen ist er eine Überraschung.
Die zarten Kristalle rieseln wie der Schnee leise auf die transparente Gardine. Sie ist nicht nur in der Adventszeit passend, da sich das zierliche Ornament überall einfügt.

Sterntopflappen

LUGANA 3835/100 weiß

Motivgröße:
69 x 69 Stiche = 15 x 15 cm
Stoffgröße: ca. 25 x 25 cm
Rückwandstoff: ca. 25 x 25 cm
Stoffzuschnitt: laut Schnittzeichnung auf Seite 60/61,
Vlies zum Füttern genauso zuschneiden
Paspel: ca. 100 cm, dunkelblau

Sticktwist, 2-fädig

1 KÄSTCHEN = 2 GEWEBEFÄDEN

Den bestickten Stoff, Rückwandstoff und Vlies ca. 25 x 25 cm zuschneiden.
Den Vliesstoff zwischen beide Stoffteile legen und alle drei Lagen zusammenheften. Gemäß Schnitt auf Seite 60/61 zuschneiden.
Für den Aufhänger ca. 10 cm Paspel zusammensteppen und mit einsteppen.

Zählvorlage auf Seite 60

Gardinenband

REINLEINEN-STICKBAND 7273/11 weiß

Bandlänge: 55 cm
Rapport: 34 Stiche = ca. 7,5 cm
Motivbreite: ca. 39 cm
Stoff: Leinenbatist 3285/100 weiß
Stoffmaße: 50 x 90 cm

Sticktwist, 2-fädig

1 KÄSTCHEN =
2 FADENGRUPPEN

Für die angegebenen Maße sind 15 Stiche (= Anfangsmotiv), 4 x Rapport = 136 Stiche und 27 Stiche (= Endmotiv) = 178 Stiche gestickt.
Die Bortenmitte markieren und die Stickerei von der Mitte her einteilen. In der Zählvorlage ist die Mittellinie markiert.
Die Gardine in den gewünschten Maßen oben, rechts und links säumen. Am unteren Rand 20 cm Saum nähen. Die Borte ca. 8,5 cm vom unteren Rand aufsteppen. Borten- und Gardinenmitte fallen aufeinander.

Zählvorlage auf Seite 61

Zählvorlagen zu Seite 58 und 59

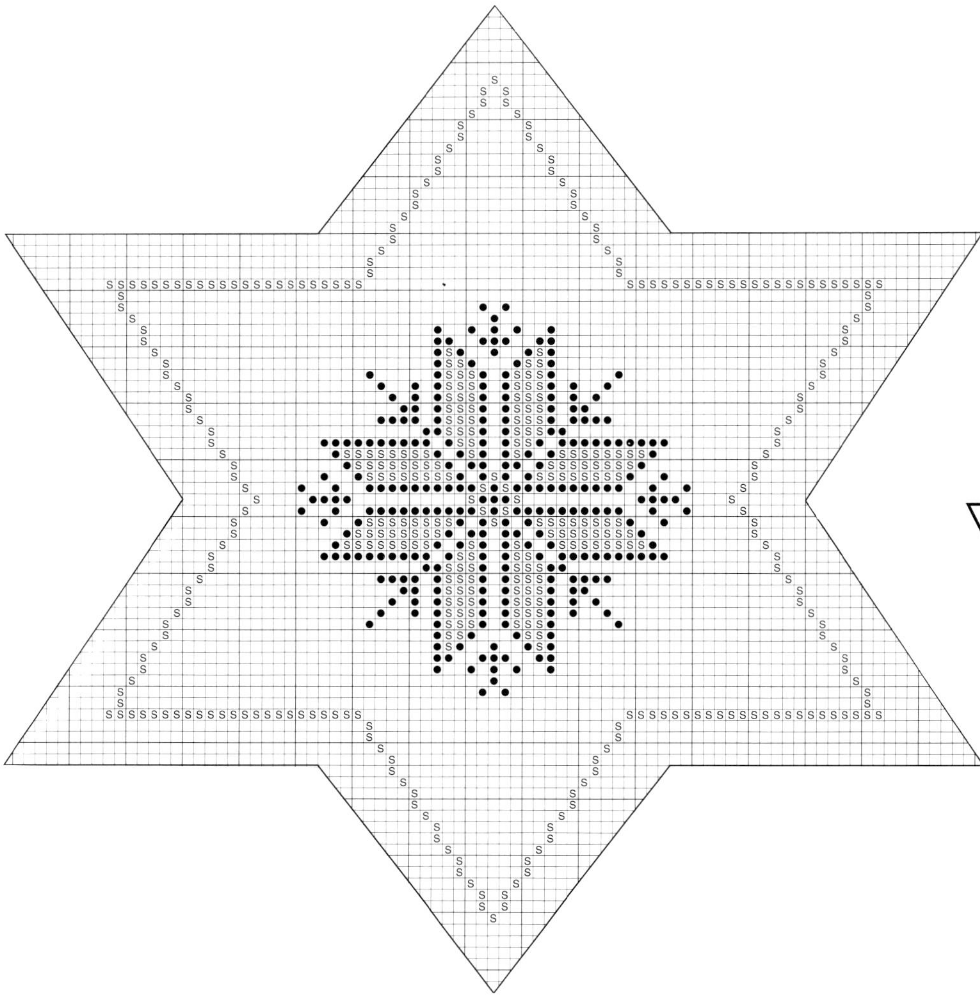

Sterntopflappen

● himmelblau, dunkel

S graublau

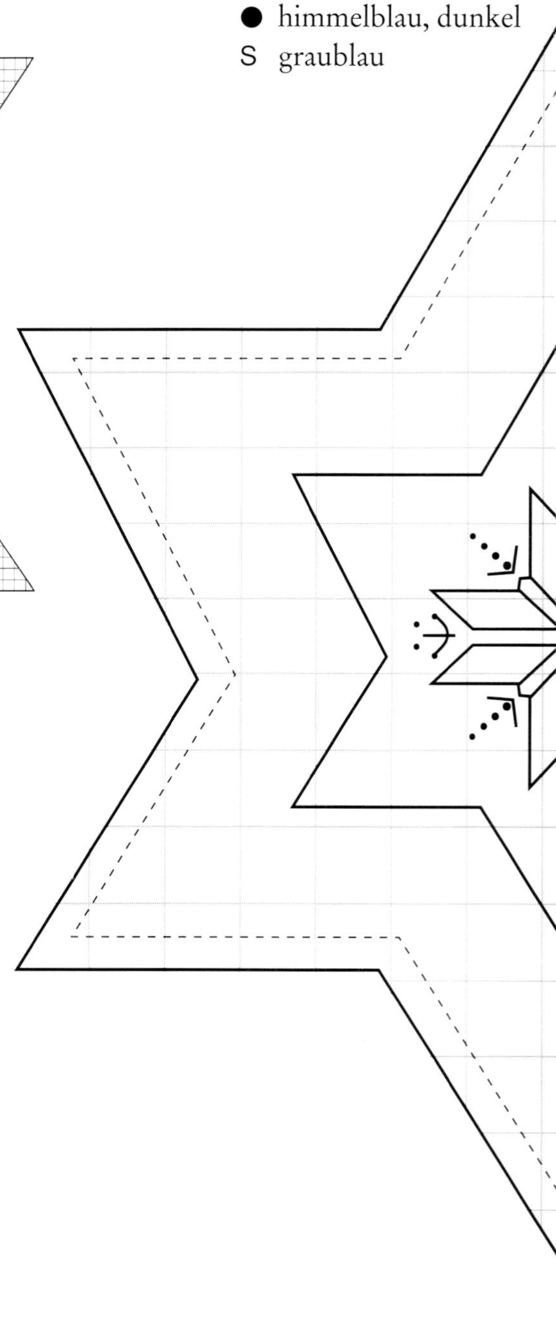

Schnitt für den Topflappen
1 cm = 1,33 cm im Original, d.h. um
1/3 vergrößern

Gardinenband

● blau
Linien: blau

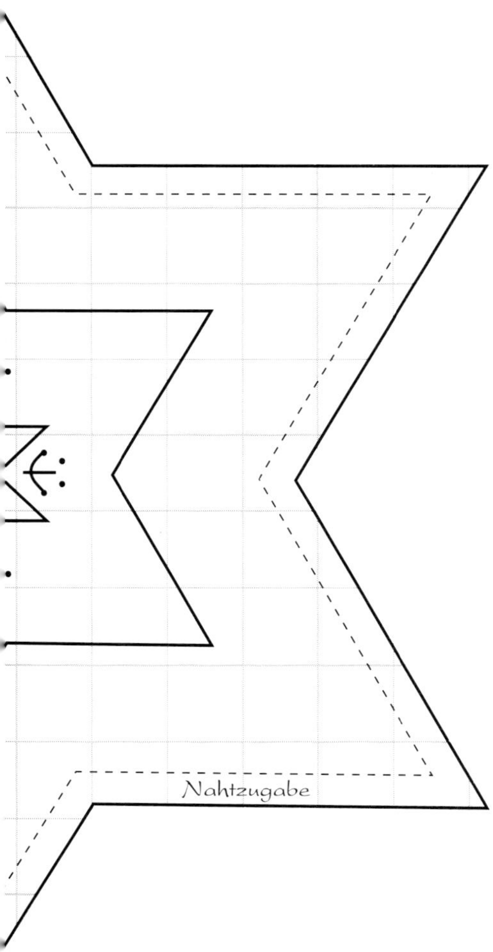

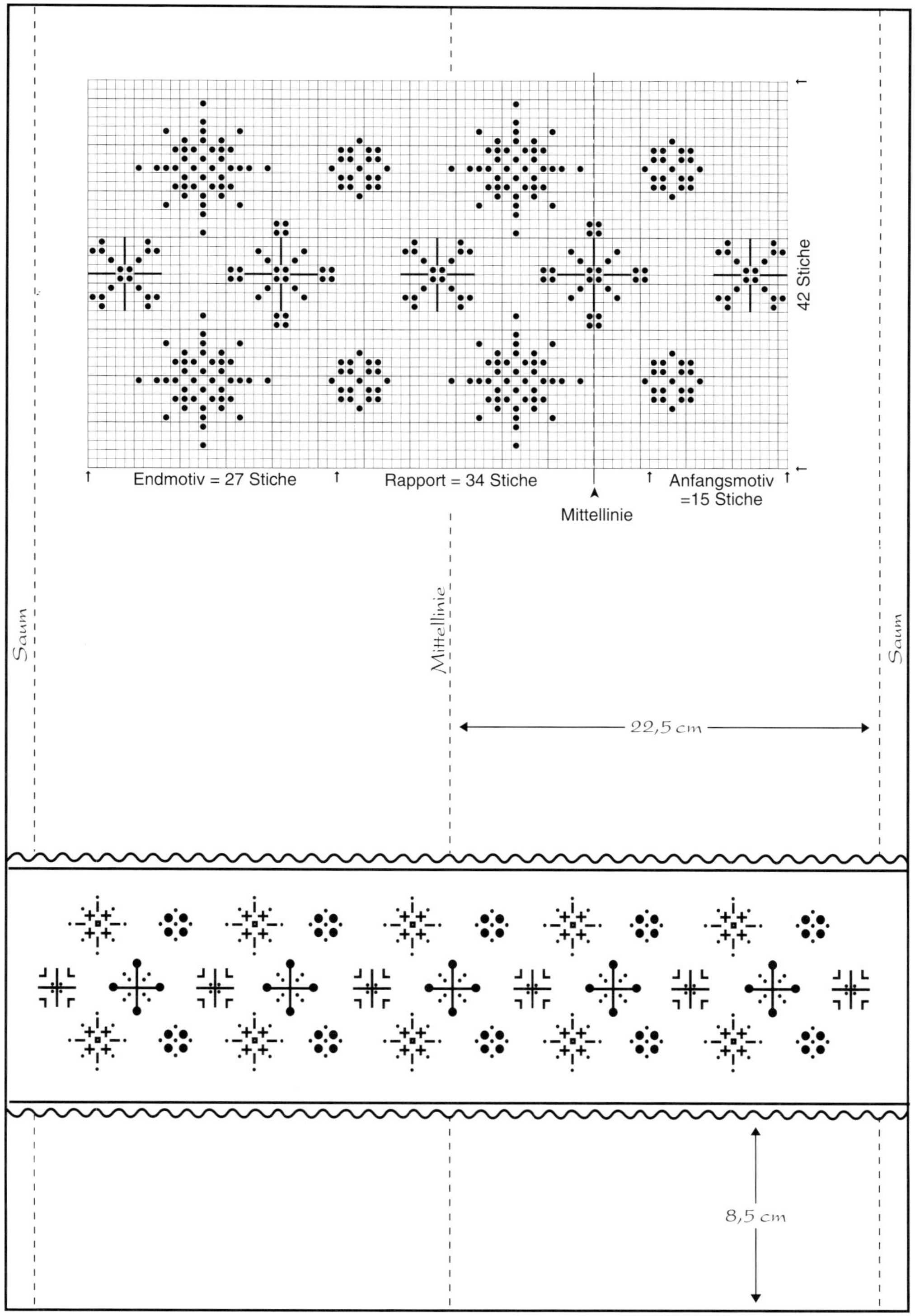

»Freizeit Kreativ« Bücher von Christophorus

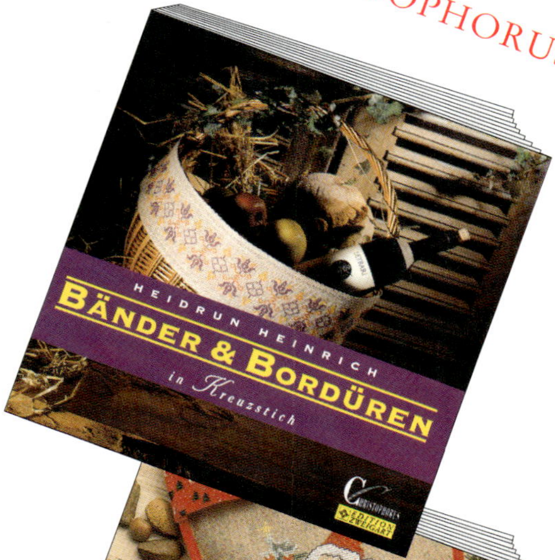

Für alle, die gern sticken, malen oder zeichnen haben wir noch mehr praktische Bücher. er auch zum Thema Basteln und Gestalten. Und zu anderen schönen Hobbys. Lernen Sie unser Gesamtprogramm kennen. So einfach ist es: Schicken Sie eine Postkarte an den

Christophorus-Verlag,

Hermann-Herder-Straße 4, D-79104 Freiburg i.Br.

Oder rufen Sie uns an: Telefon (0761) 27 17-262, Fax: (0761) 27 17-352.

Unser Katalog kommt postwendend.

Die Deutsche Bibliothek –
CIP-Einheitsaufnahme

Zur Weihnachtszeit:
die schönsten Kreuzstichmotive /
Siegrun Boss-Kulbe. –
Freiburg im Breisgau:
Christophorus-Verl., 1993
(Edition Zweigart)
ISBN 3-419-53193-1

Umschlaggestaltung und Layout:
Network!, München
Styling und Fotos:
Peter Nielsen, Umkirch
Stickgrafiken: Carsten Vogt
Zeichnungen: Uwe Stohrer
Reproduktionen:
Scan-Studio Hofmann, Gundelfingen
Satz: Erger & Wernet, Breisach
Herstellung:
Konkordia Druck GmbH, Bühl 1993